真田より活躍した男 毛利勝永

今福匡

伝毛利勝永所用 白糸威水牛形兜（土佐山内家宝物資料館蔵）
大坂落城の際、毛利勝永が形見として家臣宮田甚之丞に託したもの。それが勝永の一族という森家に伝わり、明治期に山内家に譲渡された。

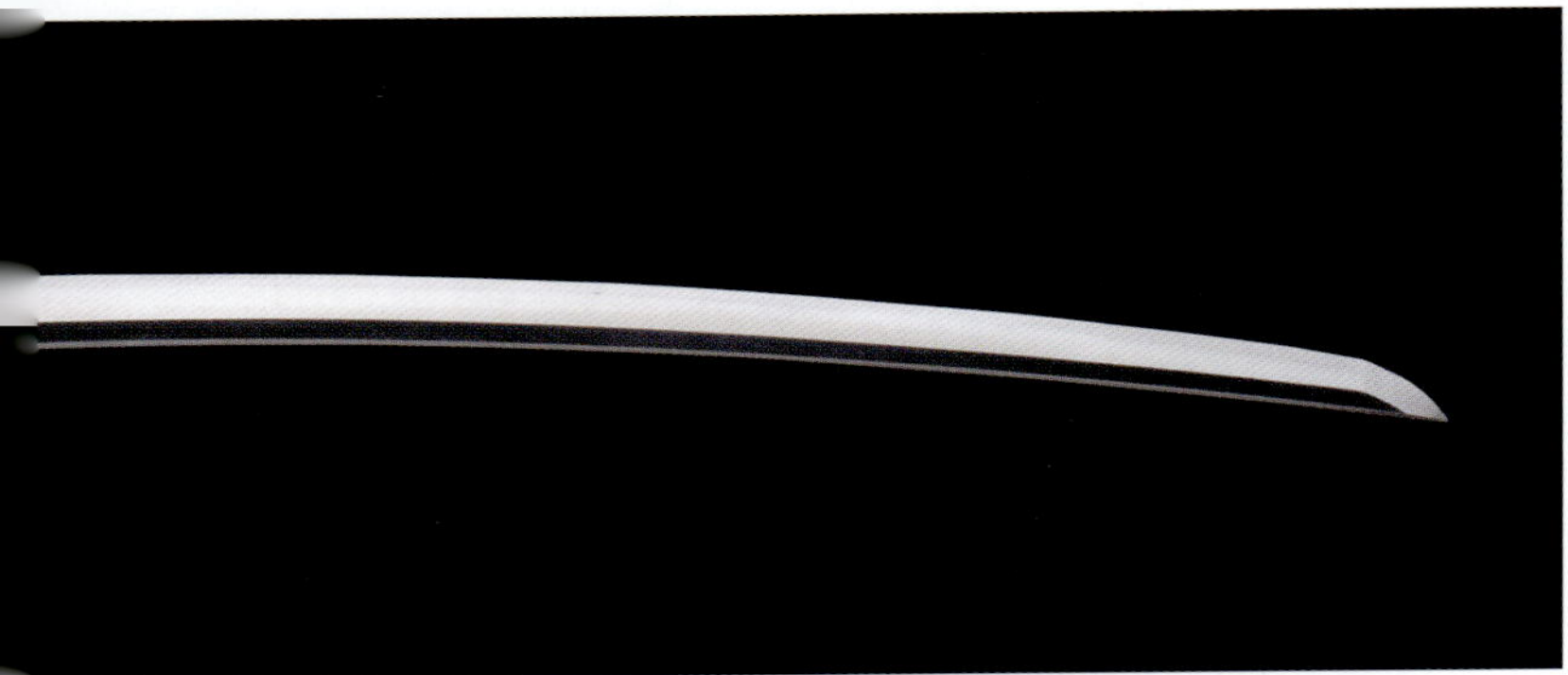

伝毛利勝永所用 関兼常の刀（土佐山内家宝物資料館蔵）

もとは竹中半兵衛の持ち物で、土佐に配流された勝永の手に渡り、その後、山内家の二代藩主・山内忠義の佩刀となったという。

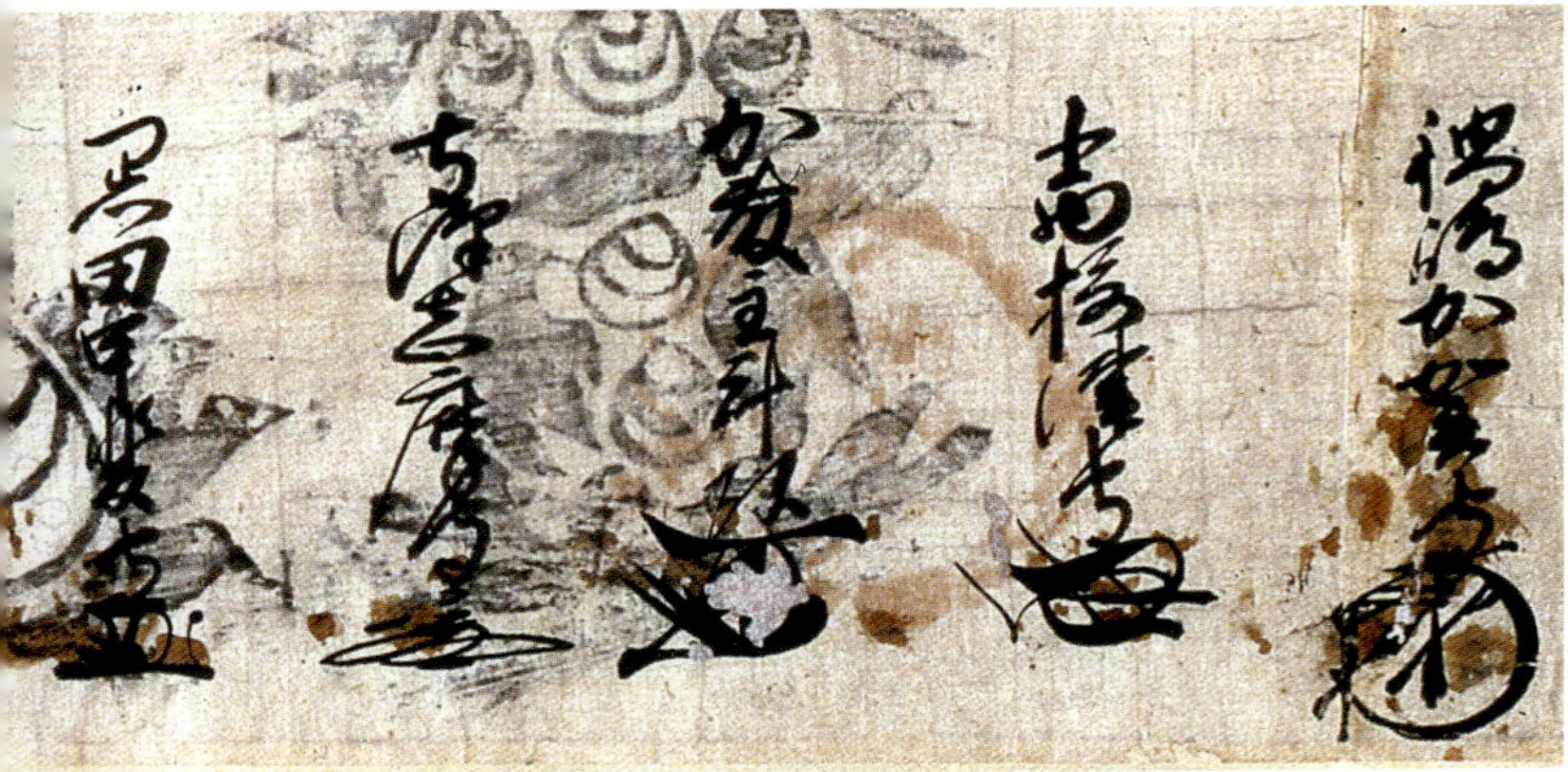

加藤清正等二十二名連署血判起請文（部分、大阪城天守閣蔵）

文禄4年（1595）8月6日、豊臣秀吉重病に際し、九州地方に所領をもつ大名22名が連署・血判したもの。万が一太閤死去の場合、全員が上洛し、秀頼に奉公することを誓約している。左から2人目に毛利勝永の署名・血判がある。

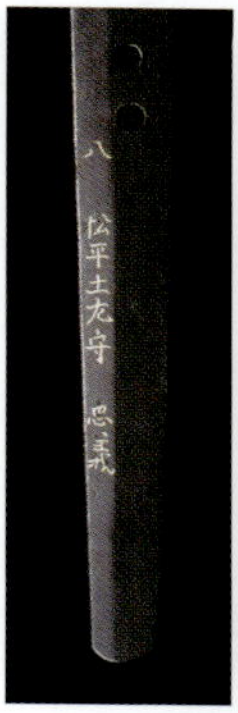

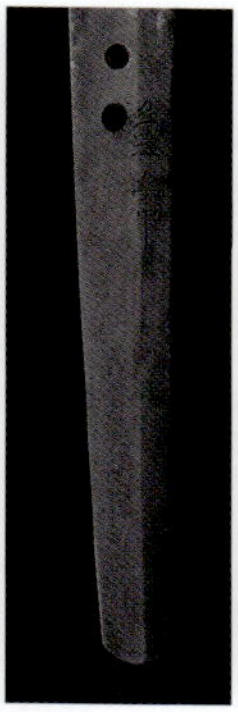

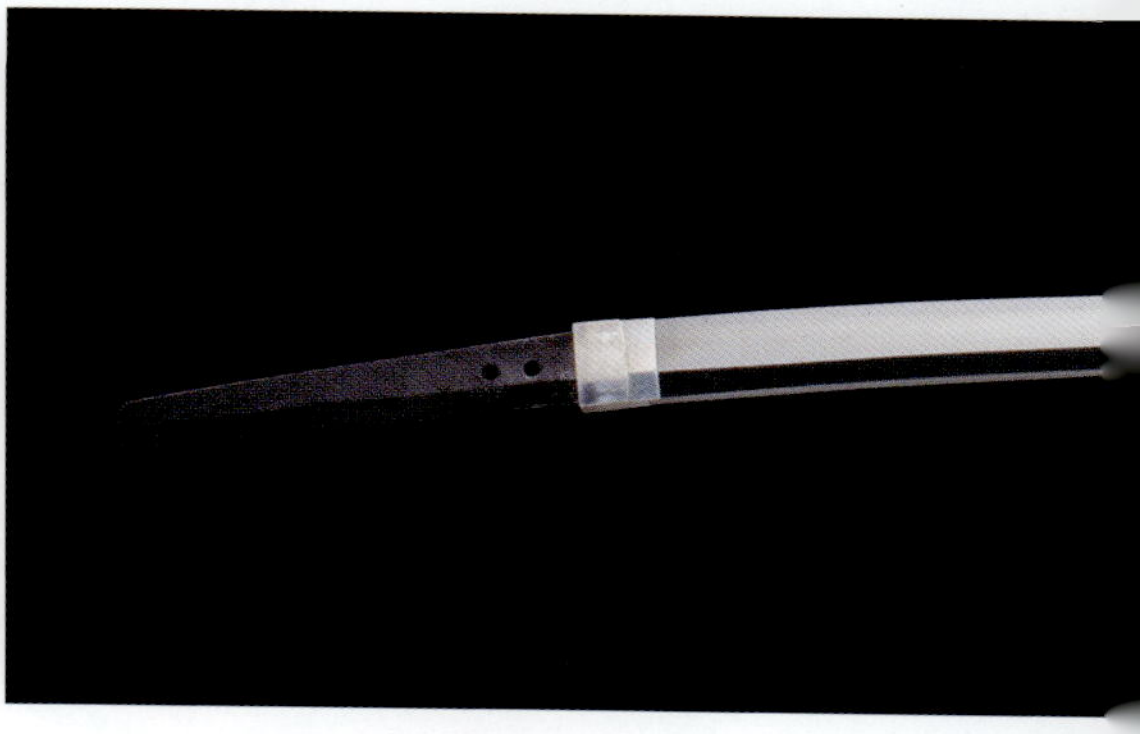

(右)「兼常」彫銘
(左)「八 松平土左(佐)守忠義」金象嵌銘

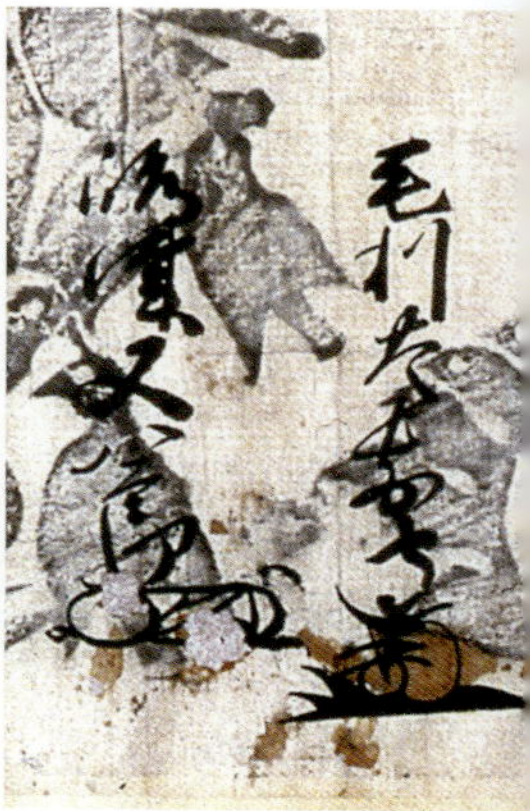

嶋津家久　　毛利勝永

毛利勝永と旗指物・馬印
(「大坂夏の陣図屏風」部分、大阪城天守閣蔵)

鹿毛馬に乗っているのが毛利勝永。白黒段々の旗印と鳥毛の輪貫の馬印が描かれている。

伝毛利勝永所用 緋羅紗陣羽織（土佐山内家宝物資料館蔵）

はじめに

毛利勝永はいろいろと不憫《ふびん》な武将である。

まずはゆかりの地、いわゆる「ご当地」がない。市民のパワーを結集できないのだから、顕彰の気運が高まらないのも無理はない。

中国地方に覇を唱えた毛利一族と同名であるけれども、血縁的にはまったく関係ないという残念な事情。

そして、大坂夏の陣最後の戦闘となった天王寺表の戦いで、真田信繁（幸村）が「日本一《ひのもといち》の兵《つわもの》」と評されたのに対して、同等以上に活躍した勝永はほとんど顧みられない。だからこそ、江戸時代の随筆家・神沢貞幹は「惜しいかな」と記したのである。

福本日南が『大阪城の七将星』を上梓《じょうし》したのが、大正十年のこと。日南が取り上げた七将とは、木村重成、後藤基次、真田幸村、毛利勝永、長宗我部盛親、明石全登、大野治房である。この中の真田、毛利、長宗我部は旧大名の三人衆。そして、陪臣身分の後藤（黒田旧臣）、明石（宇喜多旧臣）を加えて五人衆と称された。

本書の主人公毛利勝永の冒頭は、以下のようにはじまる。

大坂の役をいうとき、何びとも真田左衛門佐幸村を連想しない者はない。が、その地位なり技倆なり、幸村と雁行し、くつばみを並べて相馳せたのは、毛利豊前守勝永であった。

日南の著作では、毛利勝永に割かれているのは、たかだか二〇ページほどの分量でしかないが、本書では取り上げなかった逸話なども紹介されている。興味がある方は参照されたい。

ところで、日南は非常に毛利勝永を高く評価しているのだが、先にあげた七人のうち、知名度で言えば、勝永は下位のほうになるだろう。データベースによるヒット件数というのは、人気をはかる目安のひとつともなり得る。

国会図書館の書誌データベース（本、記事・論文などすべてを対象とする同一条件で検索）によれば、ヒット件数は次のようになった。

「真田幸村」…………一一三九件
「後藤又兵衛」………三七二件
「木村重成」…………四〇三件
「長宗我部盛親」……三九件
「明石掃部」…………三九件

「大野治房」……………一四件

ちなみに、後藤又兵衛は、「後藤基次」を検索語とした場合の結果を加算すると木村重成を超えて二位に躍り出る。

一方、われらが「毛利勝永」の結果は、

……………四七件。

七将の中でも、四位という中級クラスである。

下手をすれば、七将に含まれていない塙団右衛門や薄田隼人にも負けるかもしれない。塙・薄田が立川文庫に入っているのに、勝永は確認されていない。ちなみに、前出の国会図書館書誌データベースのヒット件数、「塙団右衛門」は二一八件、「薄田隼人」は六〇件であった。

筆者が子供の頃、夢中で見たNHKの連続人形劇「真田十勇士」でも、先の七将のうち、主役のひとり幸村はもちろんとして、木村重成、後藤基次、明石全登、大野治房は登場したのだが、勝永は出てきたという記憶がない。

たしかに智将「真田幸村」、豪傑肌の後藤又兵衛基次、美丈夫の木村重成、キリシタンの明石全登と来れば、今ひとつ勝永には「キャラが立つ」要素に欠けているのかもしれない。

そんな男の肖像を描いてみようと思う。

真田より活躍した男　毛利勝永

目次

序章　「惜しいかな、後世、真田を云て毛利を云わず」

「惜しいかな、後世、真田を云て毛利を云わず」

大坂夏の陣における毛利勝永の戦いぶりを評価する人々の脳裏には、この言葉が浮かぶのではないだろうか。

毛利豊前守勝永（吉政）は、戦国時代末期から江戸時代初頭を生きた武将である。成人した後の大半を流謫《るたく》の日々に過ごしたが、徳川家康が豊臣家を滅ぼすべく大坂城を攻囲した大坂冬・夏の陣において、戦史に残る働きを見せて消えていった。

江戸時代の随筆『翁草』で、著者神沢貞幹は、勝永を「驍勇《ぎょうゆう》天下に敵無るべし」と絶賛し、大坂夏の陣の激闘で、家康本陣に迫った真田信繁（幸村）について「古今独歩は真田信仍《のぶより》」（信繁を信仍と表記している）とする一方で、「第二の功毛利勝永たるべし」と記している。これに続く言葉が冒頭で紹介した「惜い哉後世、真田を云て毛利を不云、是毛利が不肖歟」というものである。

実は、これは『翁草』中の「真田左衛門佐信仍略譜」に出ている一文で、神沢貞幹自身は真田信繁よりも毛利勝永を上位に置こうとしているわけではない。あくまで、信繁がナンバーワン、続いて勝永を評価することを明言しているのであるが、一般には勝永を真田信繁と同等か、それ以上に置こうとする評価の一例として「惜い哉後世、真田を云て毛利を不云」という一文が引用されることが多い。この場合、この神沢貞幹の意図を正しく汲み取っているとはいえない。

しかし、神沢貞幹の先祖は、毛利勝永の組下で大坂の陣を戦った。そのために勝永に対する思い入れもあって、このような記述がなされたであろうことは想像に難くない。

大正十年（一九二一）、『大阪城の七将星』を著したジャーナリスト福本日南も、「真田幸村」に匹敵する武将をあげるとすれば、「毛利豊前守勝永」であるとし、両名を西南戦争に配置するならば、「幸村は桐野利秋の如く、勝永は篠原国幹に似たるものがある」と評している。勝永と真田を双璧《そうへき》とし、ある意味、神沢以上に勝永を評価したのが、福本日南であった。

これほどの評価を与えられている存在であるにもかかわらず、すでに江戸時代の頃から、神沢貞幹が嘆くとおりに人気・知名度において、真田、毛利の間には大きな差がついていた。

歌舞伎の演目には「近江源氏先陣館」などがあり、「真田幸村」は「佐々木高綱」として登場する。落語には、「真田小僧」なる演目があるし、狂歌でも「影武者を銭の数ほど出してみせ」などと詠まれ、真田人気は江戸庶民の娯楽にまで浸透していたことがわかる。

その状況は、現代に至るまで続いているといっていい。それは、真田信繁（幸村）に関する評伝や関係書が無数に出版されている状況を見ても明らかである。

一方、勝永のほうは知名度において大きく水をあけられている。大坂の陣や真田信繁について調べたり、本を読んだりする過程で、毛利勝永という武将を知ったというケースが大方ではないだろうか。

この真田との知名度の差は、将来、縮まることはあるにせよ、おそらく、追いついたり逆転したりするということはあるまい。

毛利勝永やその父吉成の知名度の低さの理由のひとつに、「所縁の地元」が存在しないことがあげられよう。いや、所縁の地は存在するのだが、それに気づかれていないか、顕彰の気運に乏しい、ということなのであろう。

おそらく尾張の出自であると考えられる勝永の父毛利吉成が、秀吉に従って美濃、近江に活動の場を移し、さらに秀吉の中国攻めが本格化すると、播磨に知行地を与えられていた形跡もある。秀吉に取り立てられ、豊前二郡を領して小倉《こくら》を居城とする大名にまでなった毛利氏であったが、関ヶ原合戦の結果、改易、父子は流罪に処せられる。配流先は、旧知の山内一豊が入部したばかりの土佐であった。

現在、毛利父子に関する資料や史跡は、高知に遺された吉成の墓、勝永屋敷跡、遺品としては勝永の兜、陣羽織、太刀などが山内家に伝わっているに過ぎない。文書は各地に散在していて、しかも多くはない。

毛利父子所縁の地でも、現在ではほとんど忘れられた存在になっており、もっぱら大坂夏の陣における勝永の勇戦ぶりが、合戦の経過説明によって取り上げられる程度である。

勝永は、一般には毛利「勝永」という名で知られているが、実は一次史料でこの諱《いみな》は確認できない。発給文書もすべて「吉政」と署名している。このあたり、真田信繁が幸村として人口に膾炙《かいしゃ》しているのと状況がよく似ている。

ただし、勝永の場合は、彼に仕えた杉五郎兵衛の子助左衛門が寛文五年（一六六五）に書き上げた『毛利豊前守殿一巻』において、「吉永」と記されている。

同書は土佐山内家に伝えられていたが、現在は所在不明となっている。筆者も関係機関に照会したものの、同家の史料の一部は東京において保管されていたが、空襲で焼けてしまったのではないかという回答を得ただけだった。実否は不明である。なお、東京大学史料編纂所に影写本が所蔵されているため、念のためこれを確認したが、明らかに「吉永」となっていた。影写とは、字句のみを念頭に置いた通常の写しとは異なる。史料編纂所の解説によれば、「筆・墨・和紙を用い、筆跡をそっくりそのまま、ほぼ一筆で写し取り、筆勢、虫喰・墨の濃淡・にじみ・本紙の輪郭などまで忠実に手作業で再現する特殊技法」である。『毛利豊前守殿一巻』の影写本が作成されたのは、明治三十五年（一九〇二）であるが、当時、作業を行った編纂所の影写技師は、原本の筆跡を忠実に写し取っていると考えられ、原本に「吉永」とあったのは間違いないだろう。

毛利勝永は、秀吉在世中には「吉政」の実名を用いていたことは確実である。また、吉政→吉永→勝永という名前の変遷を想定した場合、なぜ杉助左衛門が「勝永」ではなく、「吉永」としたのか、という疑問が湧いてくる。あるいは、吉政と勝永を混同してしまい、「吉永」なる名を記してしまったのかもしれない。

このように、毛利勝永という武将は謎だらけで、不明な点も多い。しかし、史料でその活動がほとんど裏付けられない真田信繁に対して、実は勝永の場合は、関ヶ原合戦以前の事績が史料で散見されるのである。その足跡をたどると、驚くほどの若さで政治の表舞台に登場している。にもかかわらず、勝永の幼名や通称は伝わっていない。かわりに早くから「豊前守」の官名を有しているのが特筆される。筆者は、これを秀吉から目をかけられていたがゆえ、元服早々に「毛利豊前守」を称したのではないか、と考えた。

真田信繁については、最近の研究で、豊臣政権下において独自に知行を有する大名格であったことが明らかにされている。ただし、信繁自身が秀吉の政権運営の一翼を担った形跡はない。

豊臣政権における公的な発給・受給文書が見られない真田信繁とは異なり、勝永については、秀吉や豊臣家奉行衆の命令を伝える公的な内容の文書にその名が登場する。家督こそ継いではいなかったものの、まさに豊臣家譜代の大名にふさわしい。そして、秀吉死去直後の政局の混迷と、関ヶ原合戦がなければ、勝永もまた異なった人物像が後世に伝わることになったであろう。

一方で、真田信繁と毛利勝永は共通点も多い。そのひとつが、家督を継承していなかった点である。真田信繁の父昌幸は関ヶ原合戦当時、五十四歳であったが、嫡男信幸の存在があった。しかも、本領である信州上田を領する昌幸から、なかば独立するような形で上州沼田を本拠地とした信幸の手前、手元に置いていた次男信繁へ本家の家督を容易には譲れなかったのではないか、と思われる。

毛利家の場合は、勝永の父吉成について正確な生年がわかっていない。真田昌幸と同じ慶長十六年(一六一一)に配所で亡くなった時には、六十前後であったといわれている。しかも、嫡男勝永は慶長五年の関ヶ原合戦当時には二十三歳になっており、家督を譲られてもおかしくはなかった。父吉成も四十代後半ということで、そろそろ嫡男への家督継承を考えていたのかもしれない。実際、関ヶ原合戦には、勝永が豊前小倉の兵を率いて参戦している。しかし、結果的に信繁も勝永も正式に家督を譲られないまま、配所で父の最期を看取っている。

勝永自身も配所で十年余の歳月を過ごした。土佐の領主山内家は、毛利父子に対して手厚い保護を加えていた。父子は、城下やその周辺であれば、ある程度の行動の自由は認められており、城へ伺候することもあった。にもかかわらず、慶長十九年、勝永は土佐を脱出し、大坂城へ入る。豊臣家からの招請に応じたのである。

毛利勝永最後の合戦となった大坂夏の陣から四百年が経過した。本書は、勝永の父吉成（勝信）にもスポットをあて、知られざる前半生から筆をおこし、いささか大それたことだが、「毛利を云わず」の言に一石を投じてみたい。

なお、本書では人口に膾炙している「毛利勝永」で表記する。ただし、史料や参考文献等からの引用では「吉政」と表記あるいは併記することもあることを付け加えておきたい。

吉成・勝永父子は、森から毛利へ改姓（当時の読みはいずれも「モリ」であったため、改姓ではなく表記の変更というのが正確かもしれないが）しているため、本書でも当初は森吉成、後に毛利吉成と区別することにした。

また、父子は毛利改姓後も「森」と表記されることが多く、これも同様に史料引用の際には原表記に従うことをおことわりしておく。

第一章　毛利吉成・勝永とその時代

出自の謎

毛利勝永（文書上は吉政）の父は、豊臣秀吉に黄母衣衆《きほろしゅう》として仕えた壱岐守吉成である。勝永同様に、吉成も勝信の名が知られているが、これも一次史料では確認できない。尾張出身といわれているが、確証はない。毛利という姓も本来のものではなく、もとは森を称していた。九州に所領を与えられた際、主君秀吉から毛利への改姓を命じられたといわれている。これに関しては、後の章でもふれたいと思う。

毛利壱岐守吉成は、六十歳という没年が伝わっているが、これに従えば、逆算して天文二十一年（一五五二）の生まれとなる。元服時期は永禄末年頃といったところか。秀吉はまだ木下藤吉郎と称していた頃のことである。世代について言うと、秀吉にとって古参の家臣たち、たとえば竹中重治、黒田孝高、浅野長吉、山内一豊たちより五、六歳年少であり、石田三成、加藤清正、福島正則らいわゆる「子飼い」の諸将たちよりも一回り年長である。同世代として、仙石秀久、高山右近、毛利重政などがいるが、吉成たちの世代は、秀吉の創業を助けた古参、および豊臣政権が誕生するとその担い手となる秀吉子飼いの者たちに比べてやや地味な印象がある。特に吉成は信長在世中はその活動が記録にあらわれない。

ただ、後世の編纂物であるが、『南路志』には、「毛利壱岐守勝信、豊前小倉の城主。本は森三左衛門とて、信長公に仕て、武勇の達人、帆莚を差物にして、度々高名す。時の人莚三左衛門と言」とある。ただ、帆莚《ほむしろ》を差物がわりにして、それが渾名《あだな》になるぐらいであるから、大身の武士ではなかったといえるだろう。また、『毛利系伝』によれば、吉成の弟には、毛利出羽守吉雄、毛利次郎九郎吉高があった。

名前の「吉」は秀吉からの偏諱《へんき》とする考えがまず浮かぶ。しかし、吉成はじめ嫡男吉政（勝永）、次男吉近、弟の吉雄、吉高と一様に秀吉からの偏諱授受とは考えにくい。通字も持たなかったほどの身分であったのが、譜代の人材に乏しかった秀吉の取り立てによって、吉成が「吉」字を拝領すると、許しをもらってこれを通字とした可能性もある。『毛利系伝』には、まさに秀吉から一字を拝領してより「吉の字をもって実名の冠字とす」とある。また、『毛利系伝』には、本姓は大江氏とある。有名な安芸の毛利氏や、上州の那波氏、出羽の長井氏、越後の毛利氏（北条《きたじょう》・安田）など、大江姓の眷属《けんぞく》は多い。このうち、安芸、越後の毛利氏は戦国期にもっとも活躍が目立つ一族であったわけである。毛利はもとはモウリではなく、モリと発音していた。そうなると、尾張森（毛利）氏もまた、大江姓であるとする『毛利系伝』の記述は首肯《しゅこう》できる。

一方、吉成・勝永の子孫であるという高知県の森家の家伝では、美濃の森一族とされている。森家に伝わる系図では、織田信長に仕えた森三左衛門可成《よしなり》の嫡男吉光が、吉成の父であるとされている。

この吉光は、永禄十三年（一五七〇）四月五日、越前天筒山で十九歳の若さで陣没したという。これは、可隆として知られる人物に相当すると考えられる。

しかし、この吉光に、勝信（吉成）、吉雄の二子があったとするのは、やや不審な点である。十九歳で戦死した可隆に子があったというのは、ありえないことではない。しかし、息子とされる吉成が、永禄末年頃の誕生とすれば、後述するように天正六年（一五七八）生まれとされる勝永を息子にもつことは年代的に見ておかしい。

もし、吉成が森可成の孫であるとするならば、当然、その叔父たちには、「鬼武蔵」として知られる長可、蘭丸こと長定、坊丸、力丸らがあったことになる。しかし、この一族は、「可」もしくは「長」を通字としており、戦国期に「吉」あるいは「勝」を通字としていた吉成・勝永父子との相似性は見られない。

高知森家の系図では、この美濃森（毛利）氏は、大江一族の門葉とされている。しかし、実際の森可成の一族は源氏を称しており、源義家の七男陸奥七郎義隆（通称森冠者）を祖としている。この点でも大江氏とする『毛利系伝』とは矛盾する。森可成の系統は、後に六男忠政が津山藩初代藩主となるが、吉成・勝永父子と交渉があった形跡は見出せない。

他の森一族について

同様に、尾張には毛利氏があり、良勝、秀秋らが織田信長、豊臣秀吉に仕えた。この毛利氏も源姓であり、八幡太郎源義家の七男義隆から出ている。相模国毛利庄（神奈川県厚木市）に所領があったため、毛利（森）を名乗った。尾張守護斯波《しば》氏の出身といわれる毛利秀頼が毛利氏を称したのもこうした関係によると考えられる。森可成らの美濃森氏も同様にこの流れを自称しており、義隆の三男頼隆を祖としている。

ちなみに、相模国毛利庄は後に大江氏に与えられ、元就をはじめとする大江姓毛利が登場する。つまり、毛利庄は源姓と大江姓の両毛利氏いずれの故地でもある。

その他に、吉成・勝永と同時代に活躍した森兵橘《ひょうきつ》重政・勘八高政の兄弟がある。兄弟の父高次は近江出身で、もとは鯰江《なまずえ》氏であったが、早くに尾張へ移っていたらしく、重政・高政兄弟は尾張で出生したといわれているが、ややこしいことに、この兄弟も後に毛利に改めている。

巷説《こうせつ》では、本能寺の変の急報に接した秀吉が毛利方と和睦する際に、証人として送られたのが、この兄弟たちで、その折に毛利輝元に気に入られ、「毛利」の名を与えられたとされているが、改称の時期はもう少し後である。兄弟には、吉安という「吉」の字を持つ末弟があるが、後に佐伯藩主の一門となっており、吉成とは明らかに別人である。

毛利重政・高政は、吉成同様に、後に秀吉によって九州に封じられ、時期は異なるものの、毛利氏に改称しており、相似点がある。また、安芸の毛利輝元が上洛した折の接待や、朝鮮出兵などで行動を共にしたこともある。その点で言えば、美濃森氏、尾張毛利氏に比べると、近親性も感じられるが、一族としての紐帯《ちゅうたい》という色彩は薄い。ただし、佐伯藩に伝わる系譜では、毛利吉成を重政・高政の叔父としている。真偽は不明であるが、記して後考を待つ。

森三右衛門は吉成の前身か

現在のところ、毛利吉成の出身地を尾張、美濃、近江のいずれかに特定することには躊躇《ちゅうちょ》せざるを得ないのだが、その中で『稲葉氏由緒答問録』という史料において、吉成に関する記述がわずかに出てくる。それには、「森三右エ門ハ信長公ノ臣ナリ。後ニ毛利壱岐守ト名乗。秀吉公ノ代ニ豊前小倉城主ニ成リ。根本美濃土岐ノ末ノ由。壱岐守総領豊前守、二男権兵衛、三男毛利長門守。秀頼ノ近習ヲ勤テ病死ナリ」とある。つまり、毛利吉成は美濃源氏である土岐《とき》氏の末流らしい、ということなのである。だからといって、ただちに吉成を美濃出身と断じるものではないと考えている。

この『稲葉氏由緒答問録』は、江戸時代中期に臼杵《うすき》藩稲葉家から出たものであるが、それなりの「事情通」の介在が考えられる。無論、現在に伝わる土岐氏系図などには、毛利父子に繋がる血脈は見出せないが、問題は吉成がもともと「森三右エ門」と称していたという記述である。

美濃の森三左衛門可成と紛らわしいが、「三右衛門」を称する森氏がいた。

天正十一年（一五八三）、秀吉が加藤清正へ与えた知行宛行状《あてがいじょう》を参考までに掲げておきたい。

（包紙ウワ書）
「　かハちの分　一柳市助渡候、
　加藤虎介殿
　あふミの分　小出甚左衛門
　　森三右衛門　渡候、」

江州・城州・河州於三ヶ国之内所々、都合参千石事、目録別紙相添、令扶助訖、永代全可領知之状如件、
　天正十一
八月朔日　　　　　　秀吉（花押）

加藤虎介殿

（『豊臣秀吉文書集一』七五八）

この清正に対する知行宛行状の包紙ウワ書の部分に、「近江の分については、小出甚左衛門、森三右衛門から渡します」といった書き入れがある。小出甚左衛門（秀政）は、尾張出身といわれ、秀吉の側近く仕えた。森三右衛門は美濃森氏にも該当人物がいない。三左衛門と称した森可成があるが、彼は元亀元年（一五七〇）に戦死しており、その子供たちにも三右衛門を名乗った者は見当たらない。

あるいは、この森三右衛門こそが毛利（森）吉成ではないか。『南路志』は、「森三左衛門」としているが、「三右衛門」が誤って伝えられたのではないか。

ここに名が記されている一柳市助（直末）、小出甚左衛門（秀政）は、早くに秀吉に仕えた者たちで、いずれも生年が天文年間（一柳は天文十五年、小出は天文九年）であり、天文二十一年頃に誕生したと考えられる吉成と年齢も近く、いわゆる秀吉子飼いの武将である清正、正則、石田三成よりは一回り二回り年長であった。

他にも「豊前守殿父を壱岐守殿と云。氏ハ森也。初森三右衛門と云、秀吉公の時西国の検使として壱岐守殿を豊前の小倉へ遣ハされ」たと記す記録もある（『皆山集』）。

吉成が九州小倉六万石に封ぜられる以前については、その経歴がよくわかっていない。秀吉の中国攻めをはじめとして、山崎、賤ヶ岳といった秀吉が台頭する合戦に従軍したであろうことは想像に難くない。

天正十二年（一五八四）の小牧・長久手の戦いにおける秀吉軍の陣立書が残っているが、これには「毛利壱岐守」の名はあらわれていない。彼よりも若いはずの加藤清正らが一隊を率いているのに対し、吉成はいまだ馬廻衆のひとりに過ぎなかったのであろうか。『甫庵太閤記』は、黄母衣之衆として二十四名をあげており、「毛利壱岐守」の名が見える。

毛利吉成の子孫という家伝がある木森重樹氏が私家版として著した『豊臣家に殉じた森壱岐守吉成並に仝豊前守勝永覚書（付木森右門允重頼）』では、吉成が史書に名前を現すのは、秀吉による九州攻略あたりからとされている。すでに三十半ばを過ぎていた。

『黒田家御用日記』には、天正六年十一月二十三日付「毛利壱岐守」の発給文書の写しを収録している。内容は、「広津殿」という人物に対して、豊前国規矩《きく》郡のうち、徳光村で御勘恩分五百石の支配を認めるものである。「規矩郡」とは明らかに「企救《きく》郡」のことで、ここは天正十四年に吉成が秀吉から与えられた領地である。

さらに、吉成は天正十六年のはじめ頃までは森姓だったと考えられるため、この文書をもって吉成の初出とすることはできない。宛名の「広津殿」とは、広津治部大輔のことで、豊前国上毛郡の広津城を根拠とする国衆であった。『黒田家御用日記』には、黒田長政から彼に宛てられた書状が数通収録されている。それらには、いずれも年次が記載されておらず、吉成の発給文書のみが年次も記されているところが特異である。

記すまでもなく、天正六年当時にはまだ「毛利壱岐守」と豊前との関わりはなく、あるいは、前出の文書は、天正十六年の写し誤りの可能性がある。

勝永とその家族

勝永は、その家臣杉五郎兵衛らが語ったことをまとめた『毛利豊前守殿一巻』には、享年三十八歳とある。これに従えば、生年は天正六年(一五七八)で、父吉成が二十六歳の時の子供ということになる。なお、勝永は寅の年の生まれである、とわざわざ付け加えている。天正六年は戊寅の年であるから矛盾はないのだが、問題は、出生地がどこかということである。

『土屋知貞私記』には、勝永は「尾張者」とあるが、生誕地を尾張とするのは、どうであろうか。時代は、まさに織田信長が畿内近国、すなわち「天下」を掌握しようと苦闘を続けている頃だった。秀吉が信長から近江国長浜を与えられ、長浜城を築くのが、天正元年のことである。勝永が誕生した天正六年には、秀吉はすでに信長から近江三郡を領する長浜城主として

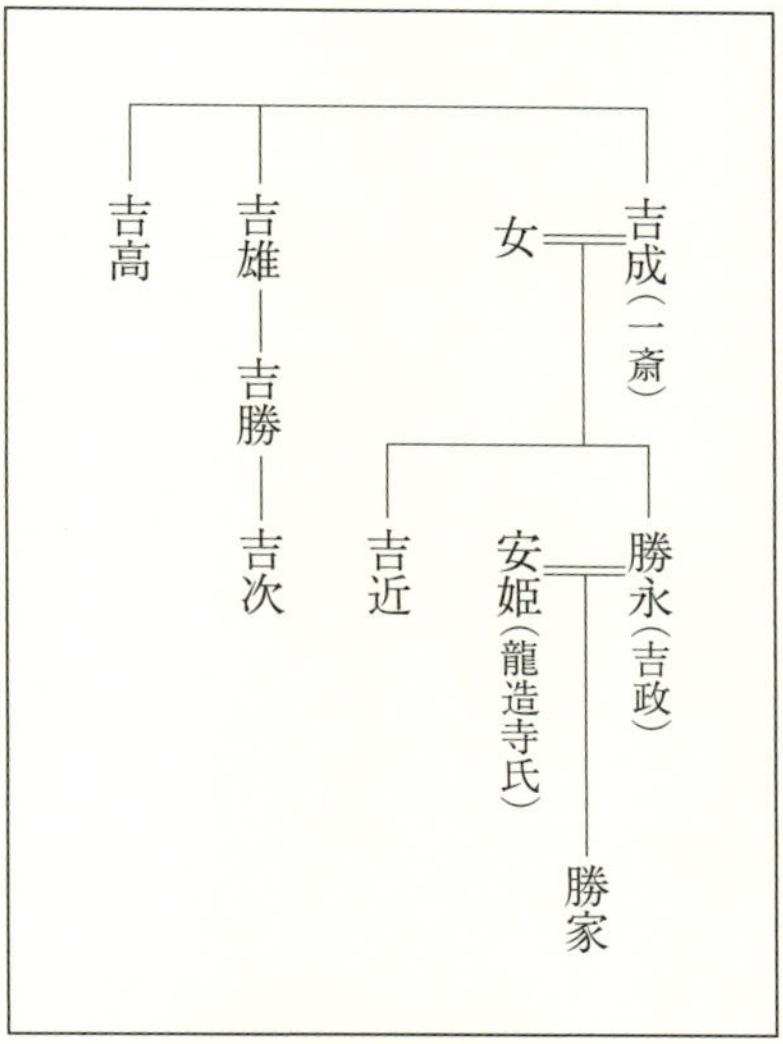

毛利（森）氏略系図

認められ、活躍の場を近江、畿内、中国地方に移していた。

その延長線に、羽柴秀吉による天下統一というレールが敷かれており、勝永が物心ついた頃には、森父子は畿内を中心に活動する秀吉の政治路線に乗っていた、ということがいえると思う。当然、父吉成も秀吉に従って諸方面へ転戦していたと考えられる。

勝永は秀吉の長浜時代ともいえる時期に誕生しており、生誕地を尾張とする説には素直に従えない。『土屋知貞私記』が記す「尾張者」とは、単に父吉成の出身地を言っているだけなのかもしれないが、それとても確実な根拠がないことはすでに述べた。秀吉の配下は家族を長浜城下に集住させていたから、森吉成の妻や一族も同様に、長浜に在住し、勝永もおそらくは近江長浜近辺で誕生したと考えられる。

吉成の室、つまり勝永の母が誰であったかは不明である。『毛利系伝』にも記載はない。手がかりとしては、『南路志』に見える勝永と家老の宮田甚之丞およびその兄弟と思われる宮田平七、そして大野治長が、勝永の従兄弟《いとこ》であるとする記述である。吉成の妻の実家は、大野氏、あるいは宮田氏であった可能性がある。

また、岩倉織田氏に仕えていた山内氏との関係は無視できないように思われる。関ヶ原合戦後に吉成・勝永父子を土佐へ引き取ったのは、山内一豊であったが、その理由として上方に居た一豊室の保護に尽力したからだと山内側の史料に記されている。しかし、山内氏の毛利一族に対して手厚い庇護を加える様子は、何らかの縁辺の関係があったのではないかと思えてならない。

いずれにせよ、勝永が誕生した天正六年は、秀吉の長浜時代にあたっており、ようやく形をなしてきた秀吉幕下のいずれかの家と婚姻関係を結んだのではないかと想像する。

森三右衛門尉の活動時期

「秋田文書」所収の「太閤様御人数立」にも「森三右衛門尉《じょう》」の名が出てくる。これは、織田信雄《のぶお》・徳川家康連合軍と対峙《たいじ》していた時期の秀吉軍の陣立であるが、森三右衛門尉は、秀吉馬廻の直後、後備のひとりとして名前が記されている。後備は九名の部将で構成され、合わせて二千四十名、このうち森三右衛門尉は百五十人を率いている。これによれば、森三右衛門尉は小牧・長久手の戦いに従軍していたことになる。

小牧・長久手関係の史料で言えば、「小牧長久手合戦図」（上田流和風堂蔵）には、後備の中に「森壱岐守」の書き入れがある。同図は江戸期のものであり、小牧・長久手の戦いのあった天正十二年（一五八四）当時、すでに吉成が壱岐守を称していたことを証す史料はない。

その年の十一月十一日付の津田小八郎宛秀吉朱印状には、講和が成立した織田信雄の懇望によって、その様子について相談するため、「森三右衛門尉」を差し遣わしたとある。

次に、天正十三年八月晦日《みそか》の「正法山妙心禅寺米銭納下帳」には、「五百文　森三右衛門尉江礼」とある。

同年九月十日、一柳市助（末安）宛の秀吉朱印状は、大垣城請取、新米の入れ替えについて指示したものであるが、「木下半介（吉隆）、森三右衛門申し候也」と記している。城米・大豆を扶持方に用い、新米を貯蔵するよう指示している。そして、木下半介、森三右衛門尉の両名が、秀吉の使者として一柳のもとへ遣わされているのである。

さらに、十月二十三日、加藤孫六（嘉明）宛の秀吉朱印状では、摂津尼崎西宮より十日の間に石材を大坂へ運送するよう命じており、小出甚左衛門（秀政）、森三右衛門、徳永石見（寿昌）の三名を「渡口」として指定している。

秀吉が徳川家康、織田信雄と対峙している間、三右衛門こと森吉成は後備として従軍する

豊臣秀吉像（堺市博物館蔵）

一方、戦後の和平交渉でも尾張の織田信雄のもとへ赴くなど精力的に活動していたが、東国から軍事的緊張が解消されるにともない、秀吉の代官として物資輸送の監督を担当するようになった。吉成の活動域は尾張、美濃、京都、摂津へと移動していき、天正十三年十月二十三日以降、森三右衛門尉の名は見えなくなり、翌天正十四年十一月の九州陣において、「森壱岐守」が登場するのである。

秀吉の九州出兵

秀吉が九州について公式に政治的働きかけをしたのは、天正十三年（一五八五）十月二日付で、薩摩の戦国大名島津義久に宛てた書状であろう。これは、島津氏に対して私闘禁止を命じるもので、いわゆる「惣無事令」の一環をなすものといわれている。

勅定につき染筆候。よって関東は残らず奥羽の果てまで綸命に任せられ、天下静謐のところ、九州事今に鉾楯の儀、然るべからず候条、国郡境目の相論、互いに存分の儀聞こし召し届けられ、追而仰せ出さるべく候。まず敵・味方共双方弓箭を相止むべき旨、叡慮候。その意を得らるべき儀、尤もに候。自然、この旨を専らにせられず候はば、急度御成敗なさるべく候の間、此返答、各為には一大事の儀に候。分別有りて言上有るべく候也。

拾月二日（花押）

嶋津修理大夫殿

（『島津家文書』三四四）

文中「叡慮」の文字が見られ、この七月十一日に従一位関白となった秀吉の、天皇と朝廷をバックにした政治的圧力がかけられたといえよう。関白就任から九州へ私闘禁止を命じるまでの間、四国の長宗我部《ちょうそかべ》氏、越中の佐々《さっさ》成政を降した秀吉は、徳川家康を臣従せしめるべく精力を注ぐ。

一方、島津義久は、天正十四年正月十一日、細川幽斎に書状を送り、大友・龍造寺との和睦が困難であることを伝えた。島津氏の圧迫に苦しんでいた大友宗麟《そうりん》は、四月五日、自ら上坂して秀吉に謁し、島津氏の侵攻に対する助力を請うた。これを受けて、秀吉は同月十日、安芸毛利氏に証人を黒田官兵衛（孝高）に提出することを求めた。毛利氏に対する事実上の出陣命令といってよいだろう。

その間にも島津勢の北上は止まらず、七月二十七日、筑前岩屋城が陥落、城将高橋紹運以下七百六十三名の将兵が玉砕した。

秀吉は、天正十四年八月五日付で、先陣として九州へ渡った安国寺恵瓊《えけい》、黒田勘解由《かげゆ》（孝高）、宮木右兵衛入道に宛て、十三箇条の覚書を示し、注進次第に五万なりとも三万なりとも出陣させる用意があることを通達した（『黒田家文書』五九）。

吉成、九州へ

十月になって、懸案であった徳川家康の上洛を実現させた秀吉は、いよいよ九州経略を本格化させることになる。

十一月には、先陣の黒田・小早川・吉川《きっかわ》らの軍勢が豊前宇留津城を攻略している。同月十一日、秀吉は吉川元春・元長の陣所へ、森勘八（毛利高政）、同兵吉（重政）の兄弟を見廻りとして派遣することを伝えた（『吉川家文書』九七）。この森氏は前述したとおり、近江鯰江氏の出身である。

そして、同日に吉川元春と小早川隆景の両名に宛て、森吉成の下向を伝えている。

其表長々在陣の段辛労に候、然らば、筑前面の儀に付いて、森壱岐守差し遣わし候、懇ろに聞き届けられ談合これ有って、然るべき様申し付けられべき事尤もに候、委細壱岐守申すべく候也

霜月十一日（秀吉花押）

吉川駿河守殿

小早川左衛門佐殿

（『吉川家文書』一二九〇）

森勘八・兵吉兄弟と同姓であるのみならず、同じ日付で九州へ送られた秀吉の命令書にその名が見えるわけだが、兄弟ら近江鯰江森氏と吉成との間に系譜上の繋がりがあったかどうかは確認できない。しかし、吉川父子にのみ「見廻り」として派遣することを伝えられた兄弟と異なり、吉成の派遣については「両川」すなわち吉川元春、小早川隆景の両巨頭に通達されている点でより重みがあるといえよう。吉成は宇留津城の攻略に功があった毛利一門に対して、秀吉のねぎらいの言葉を伝える役割も負っていた。吉成・勝永父子と安芸毛利氏と

の関係、そして九州との関わりのはじまりである。

おそらく、吉成は十一月の末から十二月のはじめまでには九州の吉川・小早川陣へ着到していただろう。

十二月、戸次川《へつぎがわ》の戦いで長宗我部信親、十河存保《そごうまさやす》らが戦死した。局地戦とはいえ、豊臣軍は緒戦で敗北を喫した。敗報に接した秀吉は、軍監の仙石秀久を改易に処したことを小早川隆景、安国寺恵瓊、黒田勘解由らに通達した（『黒田家文書』七五）。

香春岳城の接収

天正十四年（一五八六）十二月二十二日付で、小早川隆景、安国寺恵瓊、黒田官兵衛に宛てた秀吉朱印状（『黒田家文書』七四）には、秋月氏降伏に関して、吉成の動向が伝えられている。それによれば、寄せ手が香春岳《かわらだけ》城の水の手を陥れたため、落去ほどないと思われたところ、城主秋月種実・種長父子が「侘言」を申し入れてきた。この折衝にあたっていたのが、吉成であり、次の一文に香春岳城請け取りに関わる動きが記されている。

「森壱岐守、秋月を免ずべきの由申し遣わし候処に、命を相助け、香春嵩請け取らるるの由、先ず以て然るべく候。秋月儀、人質存分の如くこれを出だし、森壱岐守を秋月の城に入れ置くにおいては、赦免せしめ、龍造寺と入れ合わされ、越度無き様、申し談ずべく候」
香春嵩とは、香春岳城のことである。一ノ嶽、二ノ嶽、三ノ嶽からなる急峻《きゅうしゅん》な山城で、城の中核へは岩の間を木の根に取り付きながら進まなければならないといわれた。城主の高橋元種は秋月種実の次男である。

前述の秀吉朱印状には、秋月氏が籠っていた香春岳城を、秀吉の命を受けた森吉成が接収し、併せて秋月父子を助命したとある。また、秋月からは人質を提出させるとともに、秋月の城（古処山城）には、吉成を「龍造寺」とともに差し置くように指示している。これが、肥前の戦国大名龍造寺政家のことであり、吉成・勝永父子との縁はこの時からはじまる。

香春岳城のあった香春三山（香春町教育委員会提供）
昭和初期の写真で、右端の一ノ嶽は現在、開発により山の半分が削られている

ところで、秀吉は十二月晦日付の朱印状では、「秋月事、兎角見合わせ候はば、許容すべからず候、殿下出馬の上は、赦免すべからず候」とあり（『黒田家文書』七七）、吉成の折衝は予断を許さないものであったことがうかがわれる。

実際、秋月種実は秀吉に対抗して籠城した。秀吉は「秋月は自分が出馬の上、首を刎《は》ねる」と豪語し、三月一日に出馬、三十日に黒田勘解由に対して、「秋月攻めは馬廻りだけで行う」と通達している。秋月種実はその大軍の前になすすべもなく、四月、おのが娘と天下の名物「楢柴肩衝」を差し出して助命を乞うた。合わせて高橋元種も城を明け渡した。

香春岳城の高橋氏は秀吉の命により、日向国へ転封された。かわって、香春岳城には、吉成の弟九郎右衛門高頼が在城したと『豊前古城記』は記している。この九郎右衛門高頼は、後年、伏見城攻めで戦死したとあり、これは毛利九左衛門のことであろう。

豊臣方は秀長を主将として、六日、豊後より敗走した島津勢を日向耳川まで追撃、高城へ追い込んだ。同城は毛利輝元、小早川隆景、吉川元長、宇喜多秀家、大友義統らの諸勢によって包囲された。

一方、秀吉本隊は四月十五日、岩石城《がんじゃく》をたった一日で攻落し、筑前・筑後を平らげた。この間、吉成は浅野長吉とともに「おぐま町」(嘉穂郡大隈町、現嘉麻市)に対して秀吉朱印状の内容に違乱なきよう通達している。

島津勢は日向根白坂で秀長の軍に敗れ、秀吉は肥後熊本、八代と南下し、五月には薩摩へ兵を進めた。ここに至り、島津義久は降伏を決意した。五月八日、剃髪《ていはつ》した義久は龍伯と号し、薩摩泰平寺に置かれた秀吉の本陣に入った。

秀吉は義久に薩摩一国、その弟義弘に大隅一国を安堵《あんど》した。

第二章　豊前小倉

小倉入封と肥後・豊前一揆

天正十五年（一五八七）六月七日、筥崎《はこざき》に帰陣した秀吉は、九州攻め参軍の諸将を集めて論功行賞を行った。その結果、筑前三郡および筑後、肥前の各二郡が小早川隆景に与えられた。

森吉成は九州平定に功があったとして、豊前国田川・企救両郡を拝領し、居城を小倉に定めた。小倉城は羽柴秀長によって修築が進められていた。吉成の正確な入部時期は不明であるが、おそらく秀長による修築が完了した後、小倉城を引き渡されたと考えられる。

豊前はかつて、中国の覇者毛利元就と大友宗麟との間で激しく争われた地である。

豊前国は八郡からなっており、このうち六郡を黒田官兵衛（孝高）、二郡を吉成が領した。一般に、黒田領が十二万石、森領が六万石といわれている。

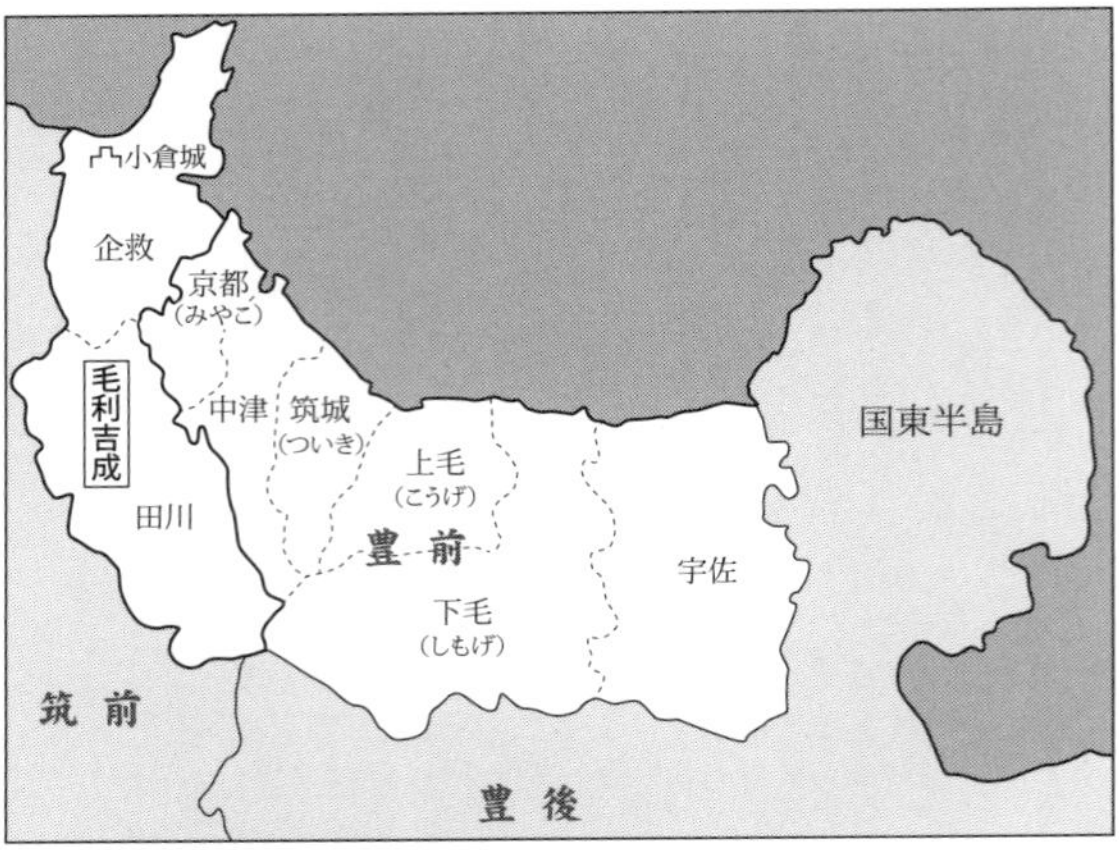

豊前国分け図（吉成が拝領した田川・企救の二郡）

黒田如水（官兵衛）**像**
（福岡市博物館蔵）

『毛利豊前守殿一巻』には、豊前小倉十二万石となっているほか、八万石とする史料もあり、一定しない。ただし、豊前の郡域でいうと、四分の一に過ぎず、黒田氏を凌駕《りょうが》することはなかったであろう。

　黒田官兵衛（当時は小寺）が織田家に臣従し、秀吉の麾下《きか》に付けられたのは、天正三年以降のことである。官兵衛は小身とはいえ、姫路という一城の主であった。このあたりからも、黒田官兵衛と森吉成の地位の差を読み取ることができよう。

　一説には、吉成が森から毛利へ改姓したのは豊前入部の時、秀吉からの指示であるという。西国では、毛利姓のほうが通りがいいだろうという理由であった。新たな領国支配をすすめるにあたって、威令もいきわたるというねらいがあった。しかし、実際には豊前入部後も、秀吉は吉成に宛てた書状に「森壱岐守」と記している。改姓の時期については、次節以降において、引き続き検討したい。

　吉成は小倉城のほかに、香春岳城も預かることとなり、こちらは犬飼九左衛門時定（史料により高頼、勝忠）という者に毛利姓を与えて、家老として城代に据えた。この人物は、信州小笠原氏の旧臣で、犬飼大炊助《おおいのすけ》政徳の子であるという（『倉城大略誌』）。しかし、吉成自身もこの時点では森姓であるため、犬飼九左衛門の改姓も少し後のことになろう。

秀吉麾下の大名として、豊前に入部した黒田、森であったが、そこには父祖以来数百年にわたって所領を治めていた国衆が存在した。彼らの多くは改易、国替えの憂き目にあった。その一方で、黒田、森らは、九州古来の戦国大名や国衆たちを懐柔するため、姻戚関係をもって秀吉政権の枠組みに取り込むことを試みた。そのひとつが、森家と龍造寺家との婚姻である。

ついでながら、肥前鍋島家の史料には、「同年（天正十五年）、民部大夫殿（龍造寺政家）、飛騨守殿（鍋島直茂）御上洛、そうきん様（宗誾《そうぎん》。政家母）・御姫様御登リ」（「天正以後聞書」『佐賀県近世史料』第八編第二巻）とある。

この「御姫様」に註があり、「安、嫁毛利吉政」とある。後に勝永夫人となる安姫であるが、この時点では、父に従って小倉に入った勝永とは入れ替わるように、上方へ赴いたのであった。なお、『直茂公譜考補』は、安姫の大坂行きを前年の天正十四年としているが、やはり九州仕置の後というほうが妥当であろう。

豊前城井一族

かくして豊前八郡には、黒田孝高と森吉成が入封した。この時、古くからの国衆の多くは秀吉に臣従することで黒田、森などに出仕し、陪臣として生きることを余儀なくされた。

城井氏もその中の一家であった。城井氏はもとは下野宇都宮氏の分家で、鎌倉時代に地頭職となって以来、四百年余りにわたって城井谷を治めてきた。九州に入部した後も本家下野宇都宮家への影響力を保つ存在であった。

秀吉の九州仕置では、いったん本領を安堵されたが、間もなく伊予へ国替えを命じられた。そして、豊前に黒田・森氏が入部してくることによって、それまでの権益が侵され、とりわけ黒田家の影響下に置かれることによって城井一族の憤懣《ふんまん》が爆発する。

『黒田長政記』には、城井鎮房は小早川隆景および森吉成を介して秀吉に何とか本領を返還してもらえるよう働きかけたとある。結局、これは奏功せず、吉成は、黒田領に居場所を失った城井氏を領内に引き取り、田川郡赤郷内の柿原・白土・成光の三カ所を馬飼料として預けた。この頃から領内のみならず北九州の仕置をめぐって、吉成と黒田父子との間には緊張が生じることになる。

肥後・豊前の一揆

ところが、間もなく肥後で大規模な一揆が勃発《ぼっぱつ》した。八月十八日付の小早川隆景の書状で報告を受けた秀吉は、九月七日、肥後への加勢を命じ、隆景には久留米城に入って情報を収集するよう通達した。また、黒田官兵衛、森吉成に対しても久留米への出陣を命じ、隆景の指揮下に入るように指示した。

これを受けて、吉成は、黒田官兵衛らとともに久留米へ出陣したが、その留守を狙ったかのように、豊前の国衆たちも肥後の一揆に呼応して挙兵した。転封を拒んだ城井鎮房もそのひとりであった。やむなく、官兵衛、吉成は急ぎ豊前へ帰国した。

九月八日、秀吉は吉成と黒田官兵衛に対して、「肥後国に於いて御朱印下され候国人之事」と題した朱印状を発給している（『黒田家文書』九一）。同朱印状には、肥後国衆の名前が列挙され、秀吉は「これらの者に申し分があるならば、言上せよ。御朱印の旨に相違し、逆意を企てるのであれば、人質となっている妻子共に成敗を加えると、この面々によくよく申し聞かせよ」と怒りを露わにしている。

十月一日、黒田官兵衛が同国姫隈城を攻略した。さらに、鬼ヶ城に拠った城井鎮房を攻めあぐね、付城に拠ってこれと対峙した。

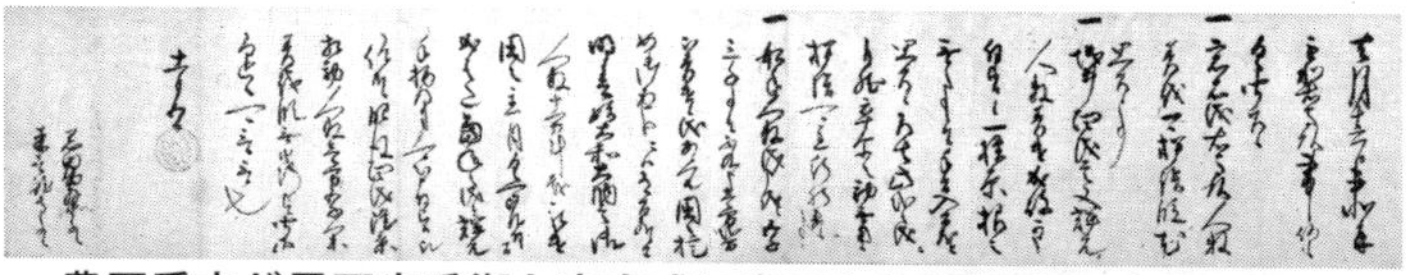
豊臣秀吉が黒田官兵衛と森吉成に宛てた朱印状（福岡市博物館蔵）

一方、吉成は、城井氏に呼応した佐々木氏が拠った岩石城の攻略にかかり、家督を継いだばかりの吉川広家の援軍を得て同城を包囲した。これらの戦況を、官兵衛、吉成の両名は十月十六日に秀吉に報じている。

その報告に接した秀吉は、十一月五日、黒田官兵衛、および森吉成に宛て朱印状を発給した。

先月十六日の書状ならびに毛利輝元書状の内容については、いずれも了解した。

一、岩石城については、毛利輝元の手勢をもって押し詰めたこと、祝着である。

一、城井表については、輝元の兵を遣わして、成敗するよう申し付ける。一揆に加担する者たちを片づけるのに手間はかからないだろう。しかしながら、慎重に構えることだ。

一、船手の人数を差し下すよう連絡してきたが、五千や三千は申すに及ばず。一万や二万の水軍を差し遣わすことも容易い。明春、大和大納言（豊臣秀長）の人数十万ばかりを遣わすことにする。それまで当年のうちは、輝元の手柄次第に九州経略を申し付ける。肥後方面については、小早川隆景が一万五千余りの兵力を向かわせていることを確認した。なお、追々、様子を知らせてよこすように。

十一月五日（朱印）

黒田勘解由殿へ
森壱岐守殿へ

（『黒田家文書』六九）

なお、岩石城は同月二十五日に陥落し、吉川広家らは翌日これを報告している。吉川家で編纂された軍記『陰徳記』には、吉成の少数の軍勢は一万余の吉川勢に阻《はば》まれて前線へ出ることもかなわず、吉川広家に城への一番乗りの功名をなさしめたとある。『陰徳記』の記述は誇張に過ぎるかもしれないが、秀吉から与えられた領地と権限の大きさに比して、兵力の少ないことは吉成の泣きどころであったようだ。

そして、秀吉から明春の出陣を通達された秀長は、十一月十一日、吉成に対して、岩石城攻略の労をねぎらう書状をしたためている。

猶々、吉蔵（吉川広家）のことは、（その方が申すとおり）是非とも関白様の御感にかなうように執り成すことがもっともである。繰り返し、諸事分別を尽くすのはこの時である。以上、

岩石城を陥れたこと、早々に吉川広家からも注進があった。めでたいことである。関白様（秀吉）も御機嫌である。吉川とその方の一手のみであったというが、特別に自分が引き立てているのであるから、なおざりにはしない。広家からの注進も合わせて、その方たちの高名は比類がないことを関白様に申し上げよう。

一、今回の一揆のことは言語道断である。黒田官兵衛の仕置が悪いせいだという風聞が届いている。その方はこれまで悪しき取り沙汰もないが、これまで以上に仕置に心を配ることが重要だ。このことは何度も申しておることだ。

一、来春には私も関白様から出勢を命じられることだろう。それまでの間、領国経営のてだてが大切だ。

一、連絡が間遠になったので、今回は飛脚を遣わすことにする。その者は、地理に不案内なためにおそらく到着が遅くなるだろうが、そちらの様子も知らせてほしい。詳しいことは疋田就長が伝えるだろう。

十一月十一日　秀長（花押）

森壱岐守殿

（『吉川家文書』七〇九）

これによれば、秀長は吉川広家同様に、吉成のことも特別に引き立てていたようだ。反面、一揆の要因として黒田官兵衛の仕置が悪いという風聞が伝わっていることにふれているのが目をひく。一揆が猖獗《しょうけつ》した地域が黒田領であったせいもあるが、広家・吉成に対する扱いとは対照的だ。

また、吉成から秀長に対して、吉川広家の身上について進言があったらしく、秀長は猶々書《なおなおがき》（冒頭の三行）で「吉蔵（広家）のことは、（その方が申すとおり）是非とも関白様の御感にかなうように執り成すことがもっともである（猶々、吉蔵事、是非　関白様御感候様ニ取合之事尤候）」と答えている。

同日、秀長は吉川広家に対して「森壱岐守の兵力は人数が少ない（森壱岐守は無人たるべき之条）」という状況を伝え、「（今回の敵城攻略について）おそらくは広家殿が万端調略を担われたと推察する」と伝えている（『吉川家文書』一〇九）。『大日本古文書　吉川家文書』では同文書を天正十四年に比定しているが、秀吉の九州平定の際には、岩石城は同年四月一日にたった一日の攻防で陥落している。報告を受けた秀長の返書の日付が、十一月十一日では少し間延びして不自然であり、この文書は、翌天正十五年に豊前国衆佐々木氏が岩石城へ拠ったのを攻略した時のものとするのがふさわしい。つまり、吉成、広家宛の秀長文書は、それぞれ天正十五年十一月十一日に出されたものである。

また、先の吉成宛の秀長書状は、現在、「吉川家文書」として伝来している。ということは、一読した吉成が書状を広家に渡したということになる。

広家は、吉成が秀長に執り成してくれたこと（「壱岐守所ゟも、其方儀申し越し候」）を、すでに自分宛の秀長書状で知ってはいたが、吉成から見せられた秀長書状でその内容を確認して、感激したのではないだろうか。かくして、膨大な吉川家文書の中に、森壱岐守宛の秀長書状が一通、紛れ込んで今日に伝来しているのである。

勇猛さや派手さには欠けるものの、こうした誠実な人柄によって、吉成が秀吉・秀長の信任を得ていたといえるだろう。さらに言えば、相手からの口添えがあったことを当の本人に知らせる大納言秀長の目配りのよさが、結果的に吉成・広家双方の信頼関係強化に繋がっていたことも無視できない。

その後も吉成は、吉川・黒田勢とともに賀来、福島の拠点を制圧した。翌天正十六年正月十九日、秀吉は吉川広家に対してその軍功を賞すとともに、「黒田勘解由、森壱岐守からもその方に申し上げるであろう」としたためている（『吉川家文書』一一二）。

城井鎮房とその一族は、降伏して中津城へ伺候したところ、黒田長政によって謀殺されている。この城井氏謀殺は、黒田父子の汚点のようにいわれることが多いが、肥後・豊前の一揆首謀者たちの処断はこの一件にとどまらなかった。

肥後一揆のほうは小早川隆景、立花統虎らによって鎮圧され、十二月六日には首謀者の首級が秀吉のもとへ送られた。

報告を受けた秀吉の怒りはおさまらず、首謀者は一類ことごとく処断し、「なおも逆意の族を尋ね出し、成敗せよ。国郡が荒れ果てても構わない。今度の一揆に出陣を見合わせた者たちも同断である」と激語を並べている。

一揆の張本人であった隈部親永は、立花統虎が拠る柳川城へ預けられたが、秀吉の命を受けた統虎によって一族もろともに殺された。

そして、親永の嫡男式部大輔親泰、次男有働大隅守兼元、有働志摩守、北里三河守の四名は、浅野長吉・安国寺恵瓊に一命を助け本領は安堵すると言い含められ、秀吉への御礼言上のため上洛する途中、小倉において「毛利豊前守の家人共に取り籠められ、主従八十四人ひとりも残らず討たれ」たという（「直茂公譜」五、『佐賀県近世史料第一編第一巻』）。一揆の首謀者たちは適当な人数ごとに引き分けられ、各所で処断されたようだ。ただし、前述の『直茂公譜』

に「毛利豊前守」とあるが、これは父の壱岐守吉成が正しいだろう。

佐々成政処断

年が明けると、吉成は黒田官兵衛ともども上洛した。秀吉に一揆の顚末《てんまつ》を報告するためである。天正十六年二月十六日、秀吉は肥後に在陣中の小早川隆景に対して、吉成および黒田官兵衛に委細を申し含めて帰国させるため、よくよく相談するようにと通達した。さらに、二十日、秀吉は小早川隆景に対して、肥後国へ兵糧三千石を送ったことを報じている。これは吉成らの帰国に合わせて準備させたものであろう。秀吉は兵糧を小倉・千栗《ちりく》（佐賀県三養基郡みやき町）間で官兵衛・吉成から請け取り、龍造寺政家に渡すように命じている。

この頃、肥後一揆の責任を問われた佐々成政は尼崎に留め置かれていた。秀吉は、島津義弘に宛てた「陸奥守前後悪逆事」において、肥後入部後、一カ月もたたないうちに一揆を招来してしまい、自分の面目を失わせたと怒りをあらわにしている。しかし、秀吉は当初は周囲の執り成しもあって、成政にどのような処分を下すか迷っていたようである。秀吉は、成政を糺明《きゅうめい》するために派遣された検使が立ち帰るのを待っていた。

この検使の顔ぶれには、浅野長吉、生駒《いこま》親正、蜂須賀《はちすか》家政、戸田勝隆、福島正則、加藤清正、黒田孝高、小西行長とともに、吉成も加わっていた。一同は二、三万の軍兵を率いて、肥後国に入った。

ところが、佐々成政は吉成ら秀吉の上使にことわりなく九州を離れ、上方へ向かったのである。これに怒った秀吉は、尼崎の寺に成政を押し籠めてしまった。

秀吉はなおも処分を保留にし、検使が帰還した上でその報告を待ってからと考えていた。しかし、九州国人の千余の首を刎ね、そのうち百ばかりの大将分の首が大坂へ差し出されてきたため、さすがに秀吉も「喧嘩《けんか》の相手である国人共の首を刎ねておき、一方で陸奥守(佐々成政)を助けるわけにはいかない」と決した。

閏《うるう》五月十四日、秀吉は前述の「陸奥守前後悪逆事」という佐々成政断罪の条書をしたため、成政に切腹を命じている。

森から毛利へ

肥後一揆平定にあたっては、兵糧の手配の担当として森吉成が蔵番を任じられている。

『陰徳記』には、吉成が森から毛利に改姓した経緯が紹介されている。吉成は一揆鎮圧後に吉川広家の陣所を訪ね、

「それがしの勢は千騎に足らず敵を討つことがかないませんでした。あなたのおかげで日頃の鬱憤《うっぷん》も晴れました」

と言った。その後、吉成は小倉城に広家を招いて饗応した。酒宴も果てる頃に、吉成は、

「もともと、それがしの名字は森と書きましたが、広家殿を通じて輝元様にお願いし、毛利の字に改め、御同名となりました」

と、語っている。

同書では、さらに吉成が「返礼」として広家の家臣香川兵部大輔に対して、仮名《けみょう》を与える話が続く。吉成が「兵部大輔」は秀吉の信任厚い細川幽斎と同じ官名であるため、これを遠慮したほうがよいと進言する。その場で吉成は香川に、又左衛門の仮名を与える。さらに、吉成は主君秀吉から拝領した馬を香川に与えてしまう。これだけでも信を置くに足らぬ話であるが、吉成が森から毛利に改姓したという話が、毛利一族の間でこうしたかたちで伝えられていることは興味深い。

しかし、まだこの時点で、秀吉・秀長ともに吉成を森姓で記している。天正十六年正月十九日に比定される秀吉朱印状の宛名は、「森壱岐守とのへ」となっている（『黒田家文書』九六）から、吉成が秀吉の命によって毛利姓に変えたのは、肥後・豊前の一揆鎮圧後のことであることは間違いない。

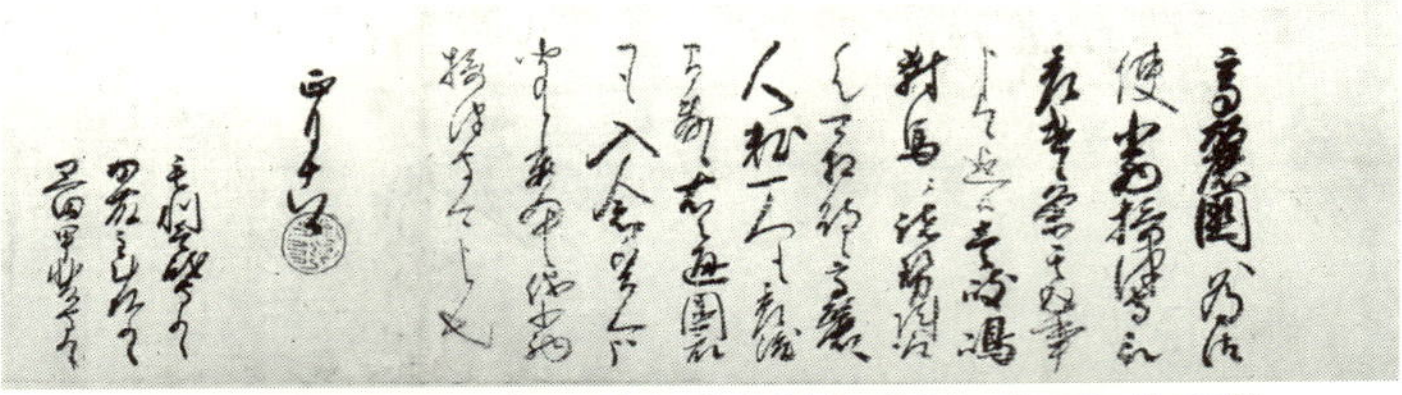

朝鮮出兵に関して豊臣秀吉が毛利吉成らに宛てた朱印状
（福岡市博物館蔵）

その他にも、天正十六年に比定されている五月十九日付吉川広家宛秀吉書状にも「対黒田勘解由森壱岐書中」という文言が見られる。したがって、前出の『陰徳記』の記述は事実とは認められない。

ただし、同年七月に毛利輝元が秀吉のもとへ伺候するべく大坂へ赴いた折、吉成は「毛利壱岐守」と表記されている（『輝元公上洛日記』）。したがって、吉成が毛利姓を称するのは、天正十六年五月十九日以降七月以前と見なしていいだろう。

ちなみに、天正二十年（一五九二）正月十八日に比定されている秀吉朱印状には、次のようにある。

高麗国へ御使として小西摂津守差し遣わされ候条、其の返事申し上げ候迄ハ、壱岐嶋・対馬ニ諸勢陣取り候て相待つべく候、高麗へ人数一人も差渡す間敷候、右之通、国衆へも念を入れ堅く申し聞かすべく候、委細之儀、小西摂津守申すべく候也、

正月十八日（朱印）

毛利壱岐守とのへ

加藤主計頭とのへ
黒田甲斐守とのへ
（『黒田家文書』一三六）

そして、吉成自身も文禄二年（一五九三）二月には、朝鮮へ渡海する十七名の諸将のうちのひとりに名を連ね、「毛利壱岐守吉成」と署名している。

これより本書も、吉成・勝永父子を毛利氏として表記することにしたい。

勝永登場

前述したとおり、天正十六年（一五八八）七月、安芸の太守毛利輝元は、秀吉に臣従の意をあらわすため、海路を経て十九日に大坂へ着いた。出迎えの使者として、毛利吉成は、黒田官兵衛、毛利兵吉、森勘八とともに輝元の御座船を見舞っている（『輝元公上洛日記』）。

翌二十日巳の刻（午前十時頃）、吉成は輝元を大坂の自邸に招待している。この時、輝元は吉成に「太刀一腰金覆輪・御馬一疋、銀子三拾枚」を、さらに「同御息」に対して、「御太刀、（銭）千疋」を贈った。

この「御息」は、おそらく勝永のことであると考えられる。天正六年誕生説に従えば、まだ十一歳であり、元服前であった可能性もある。なお、勝永の幼名はわかっていない。吉成邸へは、輝元の御供として、小早川隆景、吉川広家、穂田元清ら毛利一門、福原元俊、口羽春良、渡辺長《はじめ》らが従っていた。

この時、吉成は輝元主従を、能興行でもてなしているが、注目すべきはその顔ぶれである。

一番　高砂　　シテ　鴨松大夫
二番　三輪　　シテ　鴨松大夫
三番　杜若　　シテ　寅菊大夫
四番　通小町　シテ　鴨松大夫
五番　老松　　シテ　鴨松大夫

笛は森本助左衛門、小鼓が弥石与次郎、大鼓久野五郎兵衛、大鼓毛利壱岐守殿息（横に父子とある）、同八幡五郎左衛門也。

驚くべきことに、「毛利壱岐守殿息」は大鼓を披露している。父子と書き入れがあるのは、勝永が年少であるため、吉成が介添えするようなかたちで連なったのであろう。しかし、『輝元公上洛日記』には、「大鼓毛利壱岐守殿息」と記されている以上、勝永が大大名毛利輝元とその一行の接待に、大役をつとめたと見なしてよかろう。輝元は感銘を受け、シテの鴨松大夫に太刀一腰と銭千疋を、同座の衆へ三百疋ずつの折紙を遣わした。締めて四十八貫文であったという。

この日だけで、輝元は辰の刻（午前八時頃）に本願寺門跡の来訪、巳の刻（午前十時頃）に毛利吉成邸訪問、午の刻（正午）に秀吉の使者前野長康を迎え、申の刻（午後四時頃）に宗凡（堺商人津田宗及《そうぎゅう》の子）方で茶の湯、酉の刻（午後六時頃）に大谷吉継の来訪があり、宿所へ戻ったのは戌の刻（午後八時頃）であった。しかし、『輝元公上洛日記』は毛利吉成・勝永父子の招待をもっとも詳細に記しており、とりわけ印象的であったようだ。

毛利輝元像（大阪城天守閣 蔵）

上洛を果たした毛利輝元は、二十三日に秀吉への拝謁、二十四日には参内を済ませた。翌二十五日からは、諸大名への挨拶《あいさつ》回りがはじまった。この間の記録である『輝元公上洛日記』には、「黒官殿・壱岐殿が御案内者、隆景・広家御供、大政所様へ赴く」とある。輝元の挨拶回りに、

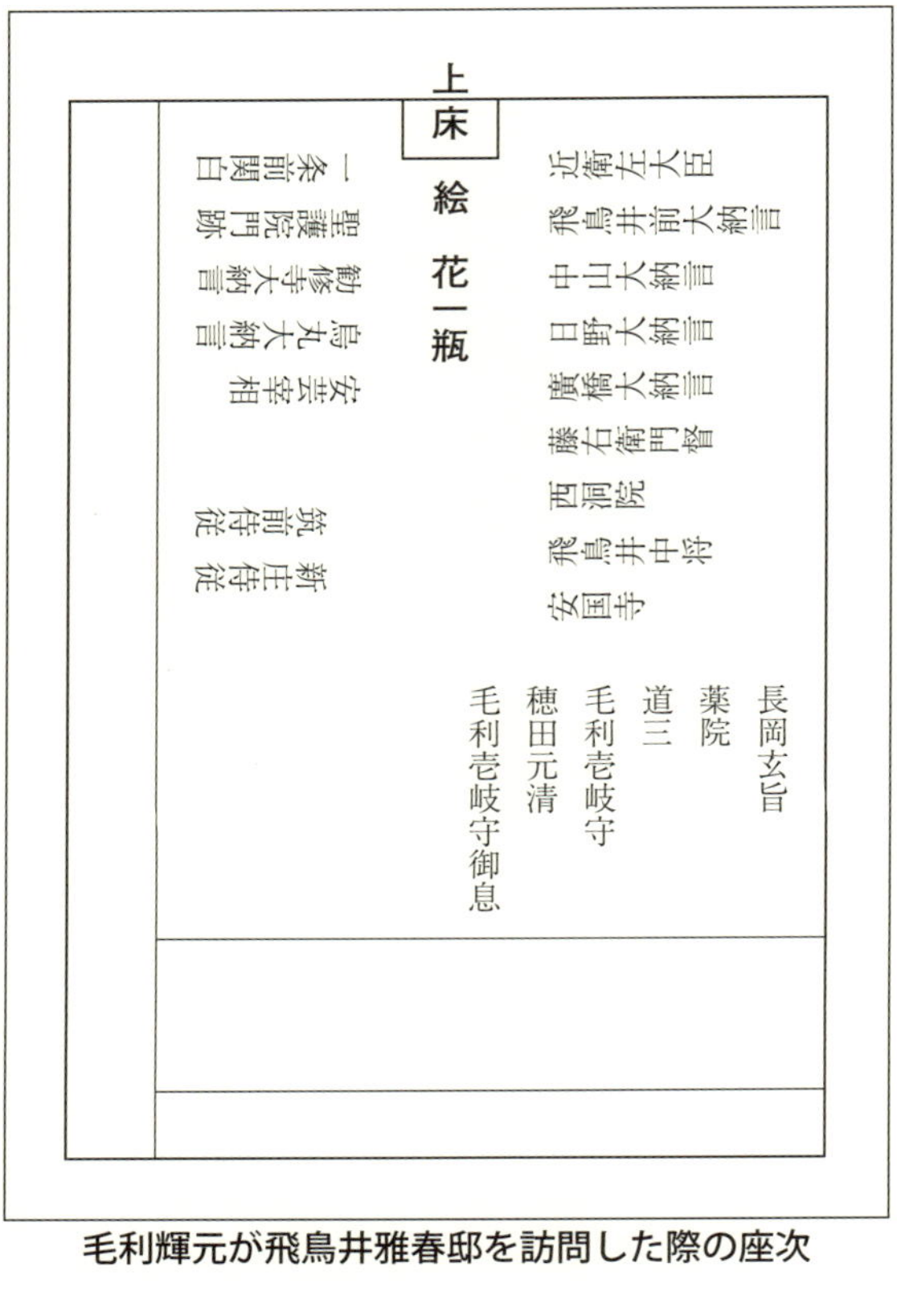

毛利輝元が飛鳥井雅春邸を訪問した際の座次

黒田官兵衛とともに吉成が案内者として同行したのである。

二十五日には、大政所、豊臣秀長、同秀次、徳川家康、宇喜多秀家、前野長康、富田一白、勧修寺《かじゅうじ》晴豊を歴訪している。官兵衛は二十九日にも曲直瀬《まなせ》道三、津田宗及とともに案内役をつとめているが、吉成は二十五日のみであったようである。

ただし、月がかわって八月四日、輝元が飛鳥井雅春邸へ赴いた際には、ふたたび吉成も相伴に与《あずか》っている。

飛鳥井家は藤原北家の流れをくむ家で、代々和歌および蹴鞠《けまり》を家業としてきた。この日も毛利輝元を迎えて蹴鞠の会が催された。

蹴鞠の後に飛鳥井邸で食事が振る舞われた。その時の御座配が『輝元公上洛日記』に描かれている。

一座には、前《さきの》関白一条内基、左大臣近衛信輔を筆頭に、公卿衆が居並ぶ。武家で一番位が高いのは安芸宰相の輝元であった。

末座に控える六名は、長岡玄旨（細川幽斎）、薬院（施薬院《やくいん》全宗）、道三（曲直瀬道三）、毛利壱岐守（吉成）、穂田元清、毛利壱岐守御息とある。何と、吉成ばかりか十一歳の勝永も相伴していたのである。

続いて、十三日には、吉成が輝元をふたたび茶の湯に招待している。

毛利吉成は九州平定以前の経歴がほとんどわかっていない。しかし、『輝元公上洛日記』にあらわれる洗練された官僚像からは、帆莚を旗印のかわりに用いたという『南路志』が記すイメージがただちに結ばれてはこない。九州攻め以前の事績が不明であるゆえに、卑小な身分から大身へと秀吉によって引き立てられたという通り一遍の理解がされてきたように思う。

実際の吉成は、豊前小倉入部後、長崎の代官にも就任しているが、こうした政治的地位の裏付けとして、茶の湯、能興行、秀吉政権での指南役など、相応の能力を発揮していた。そして、驚嘆すべきは勝永の政治的舞台への登場である。中国の大大名毛利輝元の接待役、能興行での大鼓披露など、十一歳の少年には華々しい舞台であるといえよう。加えて、在京中の輝元と公卿衆の会見への相伴も特筆される。

こうした特別待遇には、当然ながら秀吉が勝永に目をかけているという背景があったと考えられ、その期待に応えるべく吉成は、息子に教育をほどこしていたのであろう。

吉成同様に、森重政・高政兄弟も毛利に改姓しているが、こちらは一説に本能寺の変が勃発し、秀吉が中国大返しを敢行《かんこう》する際に毛利方への証人となった折であるといわれている。しかし、重政・高政兄弟については、秀吉が天正十四年の時点で、森勘八（高政）・森兵吉（重政）と記している（『黒田家文書』七二）。

このうち、森勘八（高政）については、『輝元公上洛日記』に毛利改姓の記事が載っており、兄弟である兵吉（重政）も同時期に改姓したとすれば、中国大返しの折とする説は訛伝《かでん》ということになろう。

ひょっとしたら、吉成の森から毛利への改姓も、天正十六年七月の毛利輝元上洛に際し、その案内役をつとめた一件が関係しているのではないか。

輝元から毛利改姓を許された森勘八は、当然ながら秀吉にその許可を求めたに相違ない。

一方、秀吉は毛利を上洛させて臣従させた直後であったため、この西国の大勢力をいかに自政権に取り込むかという点に腐心していたと思われる。そこで、秀吉は、部下たちに毛利氏を称させ、擬制的同族関係を結ばせようとしたのではないだろうか。そして、毛利本家へ自身の甥《おい》秀俊（後の小早川秀秋）を養子として送り込もうと画策した。もっとも、これは小早川隆景が秀俊を自身の養子に迎えるという対応によって、かわされてしまったが。

あるいは吉成も、秀吉の命によって、毛利へ改姓することで毛利輝元の豊臣政権への取り込みの一端を担わされたのかもしれない。

天正十八年九月十八日、毛利輝元邸へ秀吉の御成があった。「御成日記之事」の中で、吉成は「毛利壱岐守」として記されている（『毛利家文書』八六五）。相伴衆にはそれぞれ御配膳の役目として一名が付いている。吉成は「惣之酌之事」を池田長吉、三上大蔵、生駒二郎四郎とともにつとめている。「惣之酌之事」とは、列座している人々へ酒を注ぐ役目であろう。

世界との遭遇

フロイス『日本史』には、「この頃、関白の命令によって、二人の異教徒の領主が長崎を管理しており、その一人は（毛利）壱岐守（吉成）、他は鍋島（直茂）殿と称した」とある。吉成は、鍋島直茂とともに長崎代官に任ぜられていたのである。

天正十八年(一五九〇)、秀吉は、鍋島直茂と吉成の両名に巡察師アレッサンドロ・ヴァリニャーノを都へ召喚するよう命じた。イエズス会東インド管区の巡察師としてヴァリニャーノが初来日したのは、天正七年(一五七九)のことであった。織田信長をはじめ諸大名に謁見したのがこの滞在の間のことであった。また、この間の特筆すべき事柄として、天正遣欧使節、いわゆる天正少年使節の派遣があげられる。再来日は、天正十八年で、自ら参画した天正遣欧使節の帰国に合わせたものであった。使節団を乗せた船は長崎に寄港したため、長崎代官をつとめていた毛利吉成、鍋島直茂にただちに連絡され、秀吉の耳に入ったものと思われる。それが今回の召喚命令であった。

小倉に入ったヴァリニャーノ一行を、城下から二里ほど手前のところまで出迎えた三人のキリシタンの武士があった。彼らは、かつてはキリシタン大名である高山右近、池田丹後などに仕えた者たちであった。主人が秀吉によって放逐された後、吉成の家臣となったのである。吉成は旧にも増して俸禄を与え、彼らを重用していた。

キリシタンの出迎えを受けて、一行がさらに進むと、やがて大勢の家来を従えた騎馬の少年が現れた。年の頃十一、二歳になる壱岐守の嗣子、すなわち勝永である。吉成はこの時、鍋島直茂とともに在京しており、秀吉のヴァリニャーノ召喚の命を九州に報じると、自身らも西国へ下向した。したがって、小倉で一行を出迎えたのは、嫡男勝永であった。おそらく、毛利輝元の上洛とその応対が済み、秀吉の命が下ると、吉成は嫡男勝永を先行して帰国させたと考えられる。その際、吉成は、ヴァリニャーノ一行の出迎えと、路次の安全保証を息子に託したに違いない。

ヴァリニャーノが目撃した「壱岐守の嗣子」は年の頃十一、二歳であったという。数え年になおすと十二、三歳ということになる。天正六年（一五七八）の生まれとされる勝永の年格好とほぼ一致する。天正十八年当時、勝永は十三歳になっている。

ちなみに、ヴァリニャーノ一行は室津で、毛利・鍋島両名がすでに上方を発った後であることを聞かされ、行き違いになったことを知った。なぜ、秀吉の召喚命令を報じた当事者、しかも両名ともが入れ替わるように上方から姿を消してしまったのか、フロイスはこれについて不審に感じたようである。

「彼らが関白の命令によって出発したのか、あるいはこの使節を関白に紹介することをあまり名誉なことではないと見なしたためか、またはその他の必要から自領に戻ったのかは判らなかった」（フロイス『日本史』）

高山右近の旧臣たちを家中に組み入れていた吉成は、当初は信仰について見てみぬふりをしていたのであろう。しかし、その中立的姿勢は秀吉の前では通用しなくなりつつあった。

吉成と鍋島直茂が唐突に上方から国許へ下向したのは、キリシタンへの締めつけを秀吉から厳命されたからではなかったか。

一方、室津に留め置かれていたヴァリニャーノは、年が明けると上洛し、聚楽第《じゅらくてい》で秀吉に拝謁した。使節団の少年たちは秀吉の前で西洋音楽を演奏している。

慶長元年（一五九六）十一月二十日、秀吉は増田長盛らに対して、禁教令を破った伴天連門徒二十四名を、長崎で「はたもの」にかけるので、その護送について指示している（『福岡市史』史料編近世1所収一八七）。この書状の宛名には増田長盛以下、宮木長次、木下肥後守、備前中納言に続いて、「毛利壱岐守留守居」「筑前中納言留守居」とある。この時には毛利吉成は小倉を離れており、すでに小早川隆景（筑前中納言）も三原に隠棲していた。

秀吉が禁教令を出した直後は、表立った迫害は限定されたものであったが、次第にキリシタンの世紀は落日を迎えようとしていた。九州では、信者への弾圧がはじまりつつあったのである。

吉成と茶の湯

吉成は茶道にも執心していた。彼に関する記事には、しばしば「茶人也」と記されている。

実際、豊前小倉六万石の大名となった後、吉成は豪商や他の大名と交流する機会も多くなった。先に見た毛利輝元の饗応を任され、能興行を主催しているのもその一例である。
そして、実は、九州入部以前に、吉成と茶道の関係がうかがえる史料がある。

追って申し候、森三右衛門尉方大壺の儀、貴所、御存分尤に候、以上、
井戸茶碗、一段見事に存じ候、幷に、釜も見へ候、珍しく候、右の両種、桑原次右衛門尉に遣わされ候、方々、秀吉も、御祝着成され候、さりとては、御目利き奇特に存じ候、
恐々敬白

抛筌斎
正月十日　宗易（花押）
秀吉（花押）
木下助兵衛尉殿
御宿所

（「小西文書」東京大学史料編纂所影写本）

これは、秀吉が千宗易（利休）と連署している珍しい文書（写し）である。宗易の号「抛《ほう》

筌斎《せんさい》」は、「利休」を称する以前のものとされている。有名な「利休」の号は、天正十三年（一五八五）、秀吉が関白就任の返礼として禁中茶会を催した際、町人の身分である宗易が参内するにあたって、正親町《おおぎまち》天皇から賜ったものと言われている。つまり、この文書はそれ以前のものということになるが、山本博文ほか編『豊臣秀吉の古文書』では天正八年あたり、東京大学史料編纂所影写本では天正十一年頃に比定されている。

内容は、木下助兵衛尉（秀定）の茶器の目利きが確かであることをほめるものである。この助兵衛尉は、織田信長の直参で、秀吉の縁戚であるともいわれるが、系譜関係ははっきりとはわからない。宗易のものは花押まで写されているが、秀吉は文字で「花押」と書かれているのみで、少し違和感をおぼえる。

さて、この文書の追而書《おってがき》に「森三右衛門尉方大壺の儀、貴所、御存分尤に候」とある。これまで、毛利吉成の史料上の初見は秀吉の九州平定時、天正十四年から十五年にかけてと考えられてきた。したがって、天正八年、天正十一年のいずれのものとしても、森三右衛門尉が吉成の前身であるとすれば、これは吉成の初出文書ということになろうか。

吉成すなわち森三右衛門は、秀吉に仕える前は信長の配下であったといわれている。この文書には、秀吉と関係が深い人々の名が出てきているが、本能寺の変以前には、信長に仕えていた者たちがいる。

まずは、連署している千宗易であるが、前述のとおり「抛筌斎」と称していた時期のもので、信長の茶頭となっていた。

宛名の木下助兵衛尉も信長の直参であった。信長の一方の部将として頭角をあらわしてきた秀吉と、信長の茶頭のひとりである宗易に連署させるほどの立場であるから、それなりに敬意を払われているとみていいだろう。

ただし、天正八年の書状であるとすると、当時中国攻めにかかりきりだった秀吉が、信長の茶頭である利休と連署していることになり違和感をおぼえる。筆者は、天正八年前後ではなく、信長死後の天正十一年頃と見なすほうが妥当と考えている。

そして、木下助兵衛の目利きによる井戸茶碗と釜を送られた相手が、桑原次右衛門（貞也）である。桑原は天正七年頃に秀吉の中国経略に従って活動している。本能寺の変後は、秀吉のもとで京都奉行をつとめたが、間もなく罷免《ひめん》されている（「立入家文書」『豊臣秀吉文書集一』四七四）。

しかし、その後も秀吉のもとで活動しており、同年十月の大徳寺における信長葬儀の奉行をつとめ、天正十五年に比定されている不受不施派の祖・日奥の書状には、木下助兵衛入道とともに宛名に名が連ねられている。この木下助兵衛入道は、前掲文書の宛名にある助兵衛尉の後身であろう。また、文禄四年（一五九五）正月三日付の「豊臣秀吉草津湯治道中宿所書」

には、秀吉が土岐に宿泊する際の御番衆として「桑原次右衛門組鈴木孫三郎」が指名されている（『浅野家文書』九三）。後に、毛利勝永の相役として、秀吉の使者をつとめる平野新八は桑原組に属していた。

秀吉が井戸茶碗と釜について、信長の直参に目利きをしてもらった。さらに、信長の茶頭からもその鑑定について折紙をもらい、おかげで秀吉も大いに面目をほどこした。自身の配下である桑原にその茶道具を与えた。というのがこの文書の大意である。

そこで、追而書の部分であるが、森三右衛門尉が所持している大壺については、木下助兵衛尉が考えどおりにして構わないといった意味のことが書かれている。この大壺も秀吉が鑑定を依頼したものであろう。森三右衛門尉はさしづめ、使者として往復し、件《くだん》の大壺も一時預かりという状況であったのだろうか。

残念ながら、現在、毛利吉成ゆかりの茶道具は伝来していない。

豪商、諸大名との交流

博多商人の代表格に、神屋宗湛《そうたん》がいる。信長の最晩年に他の博多衆ともども上洛し、接近を図ったが、間もなく本能寺の変によって、信長が死んだ。続いて、天下人となった秀吉に謁見し、九州平定の陰で資金面の援助をした。

宗湛は、茶会の記録『宗湛日記』を残しており、それに吉成はしばしば「毛利一（壱）岐守殿」として登場する。

天正十七年六月二十四日朝　　宗湛数寄
一　毛利一岐守殿　　　　　　一人

この時は、客は吉成一人だったが、同年七月十九日朝には、小早川隆景の居城である名島城に招かれたようである。

一毛利壱岐守殿御会。名島にて。隆景様。宗湛両人かりやの時也。粟四郎兵二畳敷に仕候て有之候を。壱岐守殿御借候て。隆景様へ御茶進ぜられ候。風炉。角釜。瀬戸茶碗に道具入て。つるべ。面桶。引切。振舞の時壱岐守殿御通也。茶堂同前。御茶の後に。次之座敷にて御咄候時に。久留米侍従秀包内より御出候。其後又御振舞。大酒。

（『神屋宗湛筆記』）

「毛利壱岐守殿御会」とあるように、吉成が主人役であった。この時、吉成は名島城内の二畳敷の茶室を借りて、小早川隆景に茶を振る舞った。以後、宗湛の茶会において、吉成は隆景としばしば同席している。

そして、宗湛が上洛中の天正十八年（一五九〇）十月十一日朝、聚楽第の「金書院」において「輝元様へ御振廻」と称して、小早川隆景、安国寺恵瓊、黒田官兵衛とともに吉成も相伴している。「金書院」という名称からして室内装飾や調度品に金箔をふんだんにあしらってあったのだろう。

天正二十年二月二十日昼、この時の茶会も小早川隆景の名島城であった。吉成のほかに同席したのは、小早川秀包《ひでかね》、宗伝、宗湛であった。

慶長四年（一五九九）、宗湛は上洛中であり、三月一日朝には伏見において、大谷吉継の振舞いがあった。その晩には同じく伏見において、吉成の振舞いがあり、宗湛と前波半入が招かれている。

ちなみに三日の朝には伏見で安国寺恵瓊に招かれている。宗湛は、大谷吉継および安国寺恵瓊の茶会の様子について、趣向や茶道具など詳しい内容を記載しているが、間に催された吉成の会については、「毛利一岐殿　伏見ニテ御振舞　宗湛　半入」のみと、そっけない記述である。ただし、恵瓊や吉継よりも評価が低いということではなく、宗湛・吉成両者の距離感の近さから来たものではないかと思われる。

吉成の苦悩

九州各所には、太閤蔵入地が設定されており、それぞれ代官に任じられた大名が徴税を担当していた。

肥前国には、長崎をはじめ何カ所かに蔵入地が設定されていた。肥前国内の蔵入地の全貌はわかっていない。その中で、国人の草野氏領に設定された一万四千石ほどの蔵入地は、はじめ鍋島直茂が、後には毛利吉成が代官に任命されていた。

鍋島はともかく、豊前を支配する吉成が肥前の蔵入地の代官を命じられるのはやや違和感がある。一説には、鍋島直茂ともども長崎代官に任じられていたため、秀吉取立ての大名による蔵入地の管理を志向したものといわれる。

吉成は、毛利九左衛門を派遣して、蔵入地の管理にあたらせた。

しかし、吉成は小倉領および蔵入地の双方の百姓からの年貢が滞る「未進」の状況に苦しめられていた。もともと蔵入地の物成（年貢）高については、豊臣政権の決定事項を毛利家がそのまま請けたという事情があった。つまり、検地を行い、現状に照らして決定したものではなかったのである。いわば厳しいノルマを課せられた格好の吉成は、強引な収奪を余儀なくされたが、一方の草野領の農民たちは「未進」という手段をもって抵抗に及んだと考えられる。

そこで、吉成は新領小倉からの税収をもって、蔵入地の未進分を補塡することを試みた。その結果、「わが知行地はさんざん荒れ放題となってしまい、今度の戦陣における兵粮の都合もつけられず、困惑している（知行散々儀候へハ、当御陣兵粮も成かね迷惑候間）」という有り様になった。

吉成は蔵入地の「未進」について、豊臣家奉行衆に弁疏《べんそ》したが、相当の処分を覚悟していたようである。

そのような中、九州へ下向した長束《なつか》正家、増田長盛らが小倉へ立ち寄り、置目を定めるということが、吉成の耳に入ったのであろう。吉成は宛名不詳の五月十八日付書状において、「自分がこの地（朝鮮）で果てるようなことがあっても、せがれ共の儀はどうか頼み奉ります」と述べている（「長井健一家文書」一二『福井県史』）。

森山恒雄氏は、この吉成書状について、長束正家に宛てたものである可能性を示唆《しさ》している。長束正家は草野領の物成高の設定について、吉成のために異議を唱えてくれたようだが、秀吉は容れなかったようである（『豊臣氏九州蔵入地の研究』）。

小倉を領した毛利氏は、現代ではほとんど知られていない存在であるが、後述する「彦山一件」など芳しくない評価がなされている。毛利氏の悪評は、後年の福岡藩、小倉藩などによる批判のせいばかりとはいえない。

実際に毛利氏の治世、朝鮮出兵に関わる苛烈《かれつ》な収奪が小倉領や草野蔵入地で行われたことは想像に難くない。しかし、それは秀吉が、長束正家などの異見にも耳をかたむけようとしなかったことに加えて、吉成自身も不服を申し立てれば、利己心のように思われるに違いないから、命じるままの物成を上納することを了承した（「わたくし私曲之様思し召されべしと、御意のまゝ御請申し上げ候間」）結果なのである。

すでに国人層の解体、移封が進んだためであろうか、小倉毛利領内では大規模な一揆はおこらなかった。が、危うく吉成は、佐々成政と同じ運命を辿るところだったのである。

やがて、秀吉の「唐入り」計画が本格化する。天正十九年（一五九一）、吉成は長崎代官を免ぜられ、後任に寺沢志摩守が就いた。吉成には、渡海の命が下ることになる。

第三章　大陸出兵と秀吉の死

毛利豊前守、登場

勝永の官名は豊前守で、文書でも「毛豊」「毛豊州」「毛豊前守」などと出る。領主にとって、もっとも望まれる官名は自国の受領名であろう。古代の律令における等級では、諸国はそれぞれ大国、上国、中国、下国に分けられている。その中で、豊前国は上国にランクされている。一方、勝永の父吉成は壱岐守を称しているが、壱岐国は最下級の下国である。律令の規定では、上国の○○守は従五位下相当の官であり、下国の○○守は従六位下相当であった。勝永の官名は父のそれを凌《しの》いでいるといえる。ただし、勝永が活動をはじめた当時の豊前国は、八郡のうちの六郡までを黒田家が領しており、毛利家が知行していたのは企救、田川の二郡のみであった。したがって、勝永の官名のみをもって、その政治的地位を評価することには慎重であらねばならない。しかし、毛利父子に限定して考えた場合、やはり、父の官名に対して、勝永のそれは非常な優遇措置が働いているとしか考えられない。

龍造寺政家の墓
（佐賀市・高傳寺）

勝永は、伝存する文書においては、「吉政」と署名していることは冒頭で述べた。この「吉政」の「吉」は

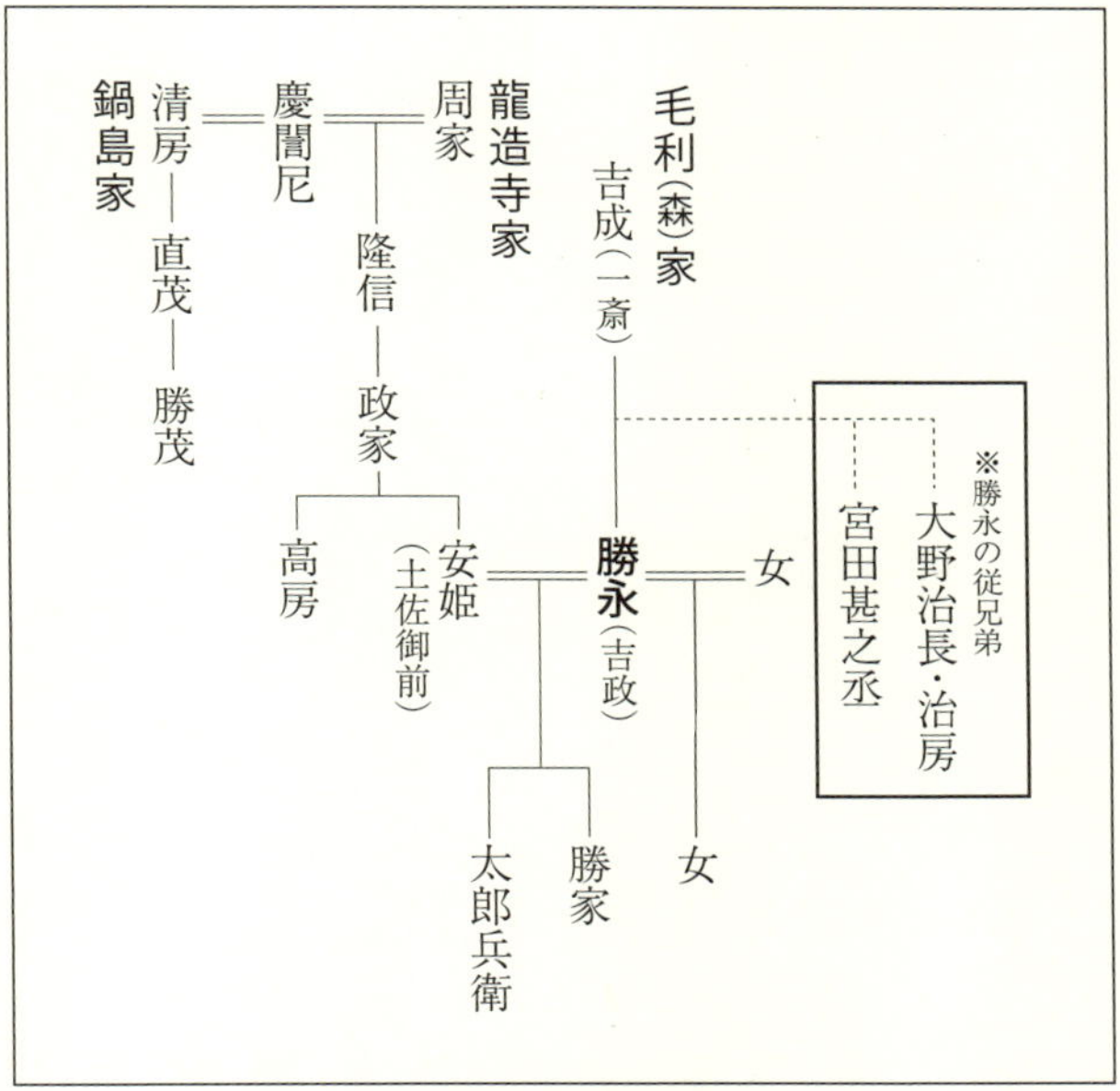

毛利勝永閨閥図

秀吉の偏諱であるか、あるいは毛利（森）家の通字であるか、断定はできない。一方、「政」については、龍造寺政家からの一字を拝領したと考えられる。勝永の室は政家の娘であった。龍造寺政家は「五州二島の太守」と評された肥前の戦国大名龍造寺隆信の子である。天正六年（一五七八）に家督を譲られていたが、隆信が薩摩島津氏と戦って敗死した後、名実ともに家勢の衰えた龍造寺家の当主となった。その「政」の上に「吉」の一字を冠しているのは、秀吉への配慮とするのが自然だろう。

加えて、勝永の「豊前守」の官名は、龍造寺胤栄などが称している。勝永の官名と諱（吉政）

には、多分に政治的背景があったということである。毛利父子、とりわけ勝永の政治的地位、およびその活動について考察するに際しては、龍造寺、鍋島両家との関わりが無視できない。

龍造寺・鍋島氏と毛利父子

秀吉が九州仕置をし、帰洛する際に、諸大名は母あるいは妻を人質として提出していた。前章で少しふれたが、この時、龍造寺政家は娘安姫を提出している。『龍造寺家々譜書抜』には、「嫡女」とある。慶長十三年（一六〇八）にまとめられたという『日峰様御咄之書（茂宅聞書）』（『佐賀県近世史料』第八編第二巻）に、「やす御りうにんさま（やす御寮人様）」と出てくるので、この名は確実であろう。

この女性については、このような逸話がある。

龍造寺政家はその息女安姫を秀吉へ証人として差し出したが、美麗の評判が高かったため、上方にあっては淀殿の妬《ねた》みを買った。そこで、秀吉は淀殿の嫉視《しっし》を避けるため、毛利豊前守勝永に安姫を娶《めあわ》せたという。

間もなく、大陸出兵がはじまると、勝永も朝鮮に在陣するようになり、安姫は九州へ下向して、小倉の城下に居住するようになった。美しい安姫のことが忘れられない秀吉は、名護屋との往復の折、船を寄せて小倉に入った。しかし、安姫は夫勝永への貞節を守って、秀吉のもとへ伺候しようとはしなかった。秀吉は、さては実父政家の指図かと勘繰った。加えて、病弱であった政家は、先の肥後一揆の際に出兵しなかったため、秀吉の不興を買っていた。秀吉は、ついに政家に強《し》いて龍造寺の家督を息子藤八郎（高房）に譲らせてしまったという。

秀吉が諸大名の妻妾《さいしょう》に懸想《けそう》したという話はいくつも伝わっており、一々信ずるに足りない。ついでながら、天正十八年（一五九〇）に秀吉が小田原北条氏征伐の軍をおこすと、二月には、安姫は、祖母の宗誾とともども佐賀へ帰国している。この間、肥前国龍造寺領の仕置が完了しており、安姫・宗誾らの使命が済んだということであろう。かわって、松屋殿・初龍殿（後藤茂綱）が上洛し、証人が交代していることがわかる。

天正十九年一月、体調を崩していた秀吉の弟大和大納言秀長が逝去した。九州平定戦では、秀長から目をかけられていた吉成であったが、豊臣政権における最大の庇護者を失ったことになる。さらに、翌二月には千利休が秀吉の怒りを買い、自害した。豊臣政権の迷走がはじまろうとしていた。

文禄の役はじまる

前出の『日峰様御咄之書』によれば、鍋島直茂は、出陣の直前、駿州様（龍造寺高房）、信州様（鍋島勝茂）、やす御りうにんさま（安姫）を呼んだという。直茂は龍造寺家の重臣である。息子である勝茂はともかく、主筋である高房、安姫を呼びつけるわけだが、直茂には龍造寺家の政務代行者としての自負と責任感があったのであろう。

天正十四年（一五八六）生まれの高房は、かぞえ七歳であったから、後事について教諭するのは自分しかいないと直茂は考えていたであろう。直茂は、

「自分が朝鮮で果てたならば、さぞかしあなたは恨むことでしょう。しかし、万が一ということもございます。この後は、御家中、身分の上下によらず、筋よき御目をかけられ、彼らが一味同心に御家の用に立つように心がけなければなりません」

と、当主としての心がまえを説いた。

直茂は、心細そうにしている安姫に対しても、自分が死んだ場合の後事について言葉をかけた。安姫は、直茂にとっては主筋にあたる。鍋島家でまとめられた記録にも「御寮人」と一定の敬意を払っている。

天正二十年正月十八日、秀吉は吉成、加藤清正、黒田長政の三名に宛て、

「小西行長を高麗への使者として派遣するので、その返事が届けられるまでは、壱岐・対馬の諸勢が陣取って待機するように。使者が返事を持って戻らないうちは、一人たりとも渡海しないように国衆にも念を入れて申し聞かせよ」

と命じている（『黒田家文書』一三六）。

壱岐・対馬で待機中だった毛利吉成が、鍋島直茂、相良《さがら》頼房、黒田長政らとともに進発したのは、天正二十年三月二十日のことである。

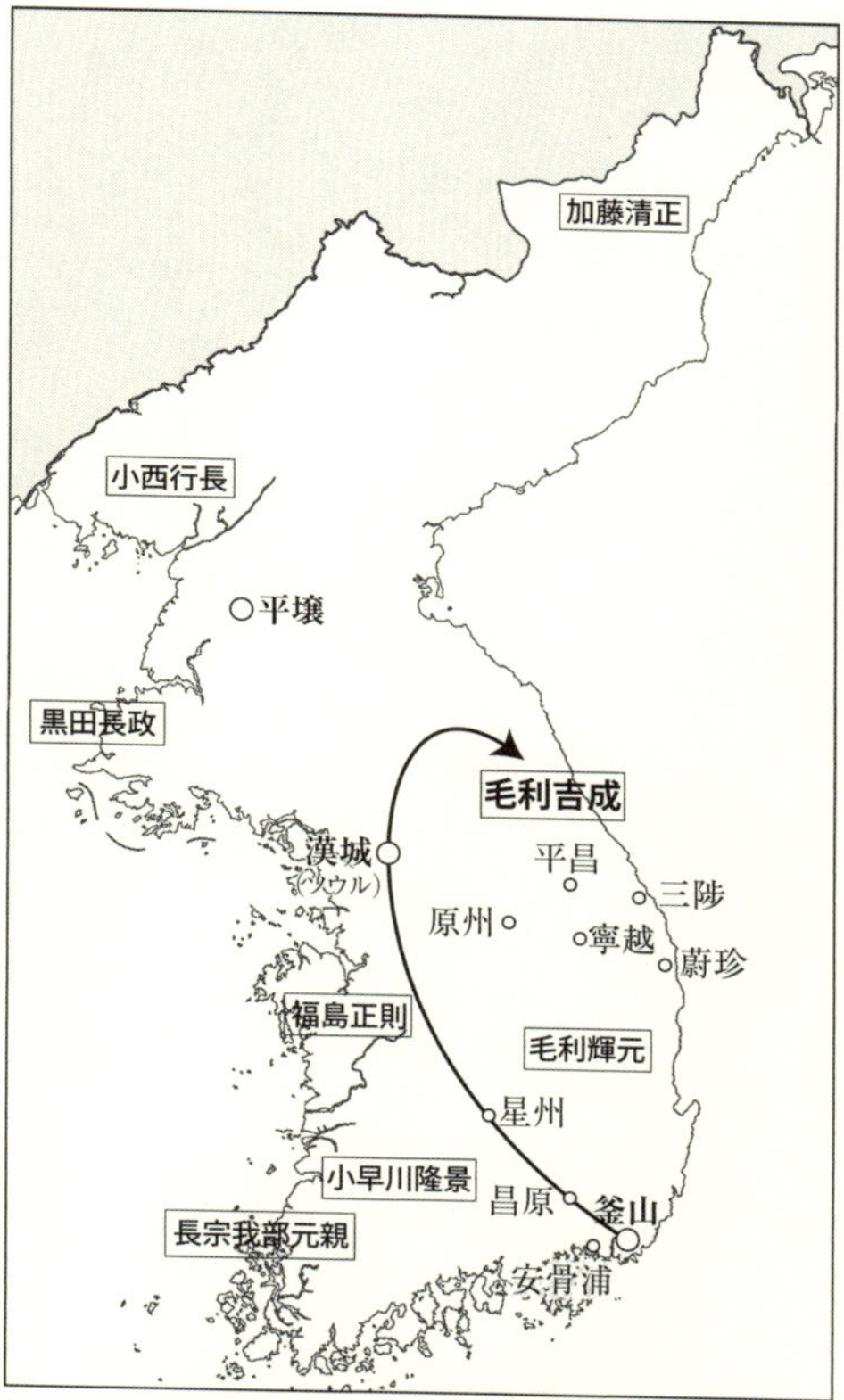

文禄の役における各武将の布陣図

文禄の役の際、吉成は、「先掛御勢」として二千人を率いていた。吉成は渡海組の四番手となっていたが、同じ四番には、島津義弘の一万人、高橋元種、秋月種長、伊東祐兵、島津忠豊の兵からなる二千人があり、合わせて一万四千人となっている。『清正高麗陣覚書』には、「四段は毛利壱岐守大将にて」と記されている。「唐入軍勢進発次第書」によれば、小西行長らの一番手が三月一日より日和《ひより》次第、つまり天候に応じて出撃を命じられている。以降、加藤清正、龍造寺政家、相良頼房らの二番手が、黒田長政、大友吉統らの三番手が、それぞれ順次、「日和次第」に出撃する計画となっていた。渡海軍は十四番で構成されていた。

渡海軍の史料には、勝永自身が加わっていたかどうかは記されていない。おそらく彼は、後述するような事情によって、父吉成とは別に海を渡ったと考えられる。

文禄の役か、慶長二年の再征の折かははっきりしないが、杉助左衛門の聞書には、「高麗陣之節、豊前守殿ハ番船之衆江先達而御飛入之事」とある。これに、勝永の家臣で、後に山内一豊に仕えた鳥飼左介という者が「豊前守殿ニ随ヒ追付飛入」したという。当の鳥飼左介も「豊前守殿ニ罷在候時、番船ニ一番のり仕候事」と記している(「鳥飼覚兵衛武功書附之事」)ので、おそらく事実なのであろう。

勝永と鳥飼左介が番船に一番乗りしたということであるが、それは杉助左衛門が記しているように、番船の衆に先んじて乗船したということであるらしい。自身の初陣に際して気分が高揚し、家来ともどもはしゃいでいる様子が伝わってくるようだ。

吉成を中心とした第四軍は四月十七日に釜山《プサン》に着いた。なお「日本一の大遅参」となった島津義弘の到着は五月三日のことであった。

上陸した吉成らは、黒田長政、大友吉統ら第三軍とともに、金海府、昌原《チャンウォン》、星州《ソンジュ》を攻略しながら北上し、首都漢城へ達する。漢城はすでに先鋒の小西行長、加藤清正が陥落させていた。ここで諸将が参会し、あらためて吉成ら第四軍には半島東部の江原道経略が任された。

五月十三日、秀吉は黒田長政、毛利吉成の両名に朱印状を発し、占領した敵城に人数を入れ置くことや、秀吉自身の渡海のために船を差し戻すよう指示している（『黒田家文書』一〇〇）。

続いて、六月三日付で、長政・吉成の両名に対して、兵糧請取に関する指示を下し、高麗から大明国境までの「つなぎの城々普請」を命じている（「薩藩旧記雑録後編」巻二七、『鹿児島県史料』）。

朝鮮渡海軍の間では、虎狩りがさかんに行われた。これは、虎の肉が精力剤となることを信じた秀吉の意を迎えたものであり、諸将は競って虎の肉や皮を贈った。毛利吉成も虎狩りをしたという証左が残っている。雑誌『愛刀』（二〇一一年二月一五日号）には、銘として「天正廿年朝鮮渡刮毛利壱岐守虎狩時淡川甚吾向怒所切留為後鏡如斯」と刻まれている刀一振が紹介されている。

淡川とは、あるいは淡河《おうご》であるかもしれない。淡河氏は播磨の国衆で、別所氏に従って秀吉の中国攻めに対抗した淡河弾正定範が知られている。淡河甚吾はどういう係累であるかは不明だが、秀吉の播磨制圧後、在地の武士のひとりであった者が、毛利吉成に仕えたのであ

長巻直し刀　伝 波平行安（雑誌『愛刀』2011年2月15日号）

ろう。

一方、勝永は現地で入手した犬を関白秀次に贈っている。秀次は勝永の労苦をいたわり、犬の礼を述べた返書をしたためている（いのちのたび博物館所蔵文書）。

諸方面の使者として

文禄四年（一五九五）正月十六日、秀吉は吉川広家に長陣の労をねぎらう朱印状を発給し、「小袖二」を下賜している（『吉川家文書』七七一）。文末には「なお毛利豊前守、平野新八申すべく候なり」とあり、勝永は平野新八とともに使者として派遣されていることがわかる。続く二月十六日付の広家宛山中山城守（長俊）書状には、「上様がお見舞いとして毛利豊前守、平野新八を差し遣わされ、御服拝領なされたことは誠にめでたく存じます」という文言が見える（『吉川家文書』七七二）。これは先の秀吉から下賜された「小袖二」を指すものであろう。また、勝永と平野から秀吉の動向が吉川広家に伝えられたらしく、山中山城守は「私のほうから再筆することはいたしません」と断っている。

なお、しばしば勝永と連署したり、使者として派遣されている平野新八は、名護屋御留主在陣衆のうち、三之丸御番衆として、御馬廻組「四番　桑原組」にその名が見える。組頭は桑原次右衛門貞也である。

勝永と平野新八が秀吉から下賜された小袖を送り届けた相手には、吉川広家の他に龍造寺政家、鍋島直茂、天野元政らがいる。まるで前線慰問団であるが、両名の使者としての目的はそれだけだったのであろうか。

中野等氏は、勝永と平野新八両名について、「当初は単なる見舞い以上の使者ではなかったようである」という指摘をしている(『秀吉の軍令と大陸侵攻』)。両名による「小袖」下賜から一カ月ほど経過すると、秀吉の意を請けた寺沢正成の名が登場し、来年の関白秀次動座について在朝鮮諸将に通達がなされている。秀次渡海を控え、名護屋陣と現地との間で調整がはじめられたのであろう。

しかし、明との間で講和交渉が本格化し、関白秀次動座は立ち消えとなる。そして、同年七月、秀次は秀吉から謀反の疑いをかけられて高野山へ追放され、七月十五日に自刃して果てた。

第三世代の旗手

秀吉が織田信長の一将校であった時代から犬馬の労をとってきた人々、豊臣家創業の功臣

加藤清正等二十二名連署血判起請文（部分・大阪城天守閣蔵）
九州の大名が、万が一秀吉が死去した場合、全員が上洛し、秀頼に奉公することを誓約したもの（口絵に勝永の部分掲載）

たちを第一世代とするならば、秀吉政権樹立後、天下統一戦に働いたり、官僚機構が整備される過程で台頭してきた者たちを第二世代とすることができるかもしれない。第一世代は、実弟羽柴秀長、蜂須賀小六、竹中半兵衛、黒田官兵衛、浅野長政といった人々であった。第二世代は、加藤清正、福島正則、石田三成、黒田長政らである。いわゆる「秀吉子飼い」の武将たちである。合戦で功をあげ、大名に取り立てられた最後の世代であったともいえるだろう。

そして、その次の第三世代こそ、秀吉が将来、おのれの後継者（はじめ秀次、後に秀頼）の近臣集団を構成することを想定した人々であったと考える。そのひとりが、毛利勝永であった。この世代は、秀吉、秀次（後には秀頼）の使者をつとめることで、政治的キャリアをスタートさせ、後々は官僚的役割を担う人々となるはずであった。

すでに、豊臣政権が政治体制として恒久的なものをめざしつつあったことがうかがわれる。しかし、その時間がないまま、秀吉が没し、中央政権は徳川家康主導で推移していった。第三世代の者たちは政権担当の機会も失われ、政治的地位を保ったわずかな者たちだけが、秀頼の近習、馬廻りといった親衛隊的な立ち位置となった。

朝鮮半島の毛利父子

文禄四年(一五九五)四月二十八日、吉成は天野元政、椙杜《すぎもり》元縁の両名に宛て、毛利輝元への返書をしたためるので届けてほしいと伝えている。また、「豊前相替わり帰朝仕るべく候旨　御朱印候間、近日渡海致すべき心中に候」と述べているとおり、勝永が渡海してきたため、かわって吉成に帰国するよう秀吉から命令が出ていた。吉成は半島に残していく息子のことが気がかりであったのであろう、両名に対して、「豊前守と別して御入魂頼み存じ候」と記している(「右田毛利家文書」『山口県史』一七九)。

間もなく吉成は一時帰国したようで、勝永は、五月十日付の天野元政に宛てた書状において、太刀一腰、鳥目三百疋、樽三を贈られたことへの礼を述べているが、「将又壱州(毛利吉成)帰朝申され候」とあり、追而書にも「尚以て壱州在陣中別して御懇情の段返す返す満足申し候」と記している(「右田毛利家文書」『山口県史』一八四)。

天野元政は、毛利元就の七男で、通称を六郎左衛門といった。元政も吉成からの依頼を心に懸け、勝永へ贈答をしたり、互いに交信するところがあったようである。

ここに勝永は、父にかわって秋月、高橋、伊東ら日向衆に対する軍事指揮権を行使することとなり、安骨浦《アンゴルポ》へ移動した。

やがて、明との間で和睦が成立し、文禄の役は終わった。

しかし、吉成が安骨浦に在番中の息子勝永に対して早舟を仕立てて、和睦が破れ、ふたたび合戦がはじまることは必定であると伝えたという情報が、島津忠恒（家久）のもとにもたらされた。吉成が早船を仕立てたのが十月二十八日のことであったという。島津忠恒は三十日に父義弘にこのことを伝えている（「旧記雑録後編三」三七『鹿児島県史料』）。

なお、吉成はその年の終わり頃に、再度渡海することになる。秀吉は、吉成が到着次第、勝永に対して帰国するよう伝えている。

去月十日・十八日両通昨日十七日到来、被見を加え候、虎一・鶴二・鱈百、遠路志の事、悦び思し召し候、長々其国在番苦労に候、壱岐守参着次第、其方帰朝すべく候、猶大野修理大夫申すべく候也、

十二月十八日　（秀吉朱印）

毛利豊前守とのへ

（津野倫明「文禄・慶長の役における毛利吉成の動向」『人文科学研究』九）

勝永、ふたたび朝鮮へ

文禄五年（一五九六）九月一日、秀吉は大坂城において明使を謁見した。謁見自体は滞りなく済んだが、間もなく明側の要求と日本側の講和条件に隔たりがあることが明らかになり、秀吉は激怒した。秀吉の怒りは、明よりも朝鮮に向けられた。

慶長二年（一五九七）二月二十一日、秀吉は朝鮮への再出兵を決定した。先鋒《せんぽう》は加藤清正と小西行長が二日交代でつとめる。非番のほうは二番備えである。毛利勢は、この時、黒田長政らを中心とする三番手に属し、毛利壱岐守吉成、同豊前守勝永が二千人を率いていた。ふたたび勝永も渡海することになったのである。三番手には、前回の役と同じく島津忠豊、高橋元種、秋月種長、伊東祐兵があり、新たに相良頼房が加わっていた。相良に対しては、秀吉の朱印状を受領した小西行長が、安骨浦在番衆に加える旨を四月八日に伝えている（『相良家文書』七九九）。相良はただちに毛利父子に書状をしたためた。四月十七日、吉成は相良に、「こちら（安骨浦）にお越しあるとのことで、陣所についてはしかるべき所をご用意します」と回答した（『相良家文書』八〇四）。勝永も父とは別に書状をしたためている。これは相良頼房からの書状に対する返書になっている。それには、次のようにある。

「御状を拝見いたしました。しからば、当国の軍事行動について、貴殿は壱岐守と同陣せよという太閤殿下の仰せがありました。先日の書状には、貴殿が近日中にこちらへお越しあるべしとありましたが、それがもっともよいであろうと思います。詳しくは壱岐守から申し入れることでしょうから、詳しくは申しません」（『相良家文書』八〇九）

父と連署する形式ではなく、別便にしたのは、相良頼房が吉成、勝永それぞれに書状を送ったために、父子別々に返書をしたためたからであろうか。あるいは、勝永のみに書状を送り、勝永から吉成に転送され、秀吉から相良同陣について伝達されたとも考えられる。相良頼房は二十四歳という若さであったが、指南する勝永のほうはまだ二十歳になったばかりであった。

七月十四日、慶尚道巨済島において、加藤嘉明、藤堂高虎、脇坂安治らの水軍が明・朝鮮連合水軍と交戦した。勝永は鍋島勝茂、九鬼長門守、秋月長門守、筑紫上野介らとともに味方の救援に駆けつけている。この海戦に勝利した日本勢は、全軍を三手に分けて朝鮮半島の重要拠点へ軍事行動を展開した。吉成・勝永父子は、宇喜多秀家率いる一手に属し、慶尚道、全羅道を転戦することになる。

蔚山危急

日本軍は全羅道北部の全州《チョンジュ》に再集結し、部隊の再編がなされた。吉成は加藤清正、鍋島直茂、長宗我部元親らとともに右軍を構成した。ところが、次に述べる事情から、毛利勢の軍事指揮権は吉成から勝永へ委譲されることになる。

豊臣家奉行衆から立花統虎を釜山浦に在城させるよう命令が届いたが、宇喜多秀家ら在陣諸将はこれに難色を示し、九月十六日に連署した書状案に、「(釜山浦は)日本より之渡口に御座候へハ(中略)毛利壱岐守在城仕られ然るべし」「羽柴左近(立花統虎)事、慥なる仁にて御座候、併其身わかく候間、嶋津・鍋嶋(が守備する)城之間ニ一城取拵、在番致され候へと中義に候」と記している。つまり、豊臣家奉行衆からの、釜山浦に立花統虎を在番させるようにという通達に対して、統虎は信頼が置ける人物であるが、何分年若いため、老練な毛利吉成に変更するべきであるという申し立てを行ったのである。

吉成が釜山浦に在番することになったため、毛利勢や日向衆の指揮権は勝永に移った。十月末から、勝永は長宗我部元親、池田秀雄、中川秀成らとともに泗川《サチョン》倭城の普請にあたっていた。

蔚山《ウルサン》籠城戦はまさにこの泗川倭城普請中におこった。蔚山倭城でも加藤清正らを中心に普

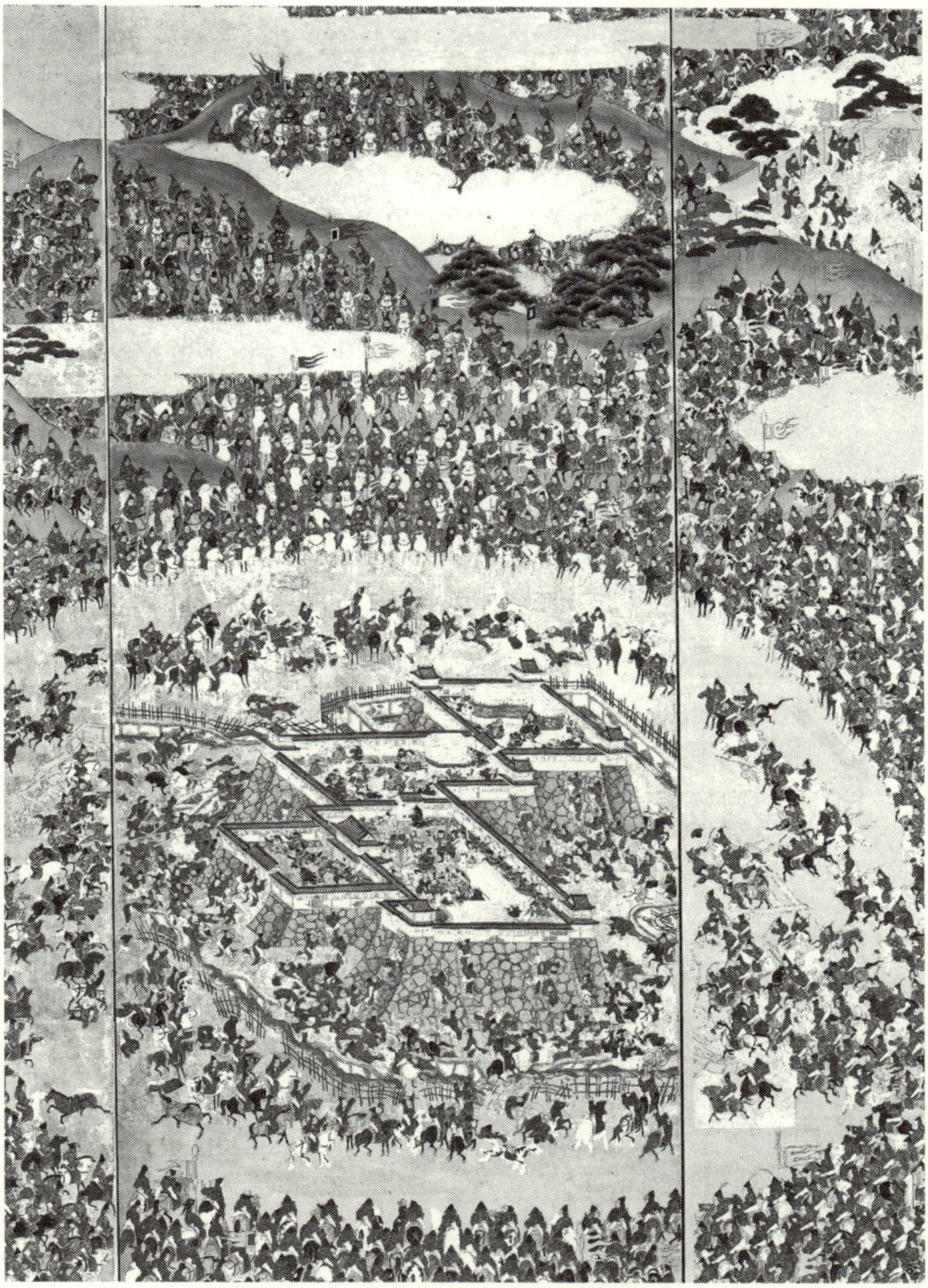

蔚山籠城図屏風（部分・福岡市博物館蔵）

蔚山城跡（佐久間嘉則氏撮影）

西生浦城跡（佐久間嘉則氏撮影）

請が進められていたが、漢城を発した明・朝鮮連合軍五万余が十二月二十二日に攻撃を仕掛けてきた。西生浦《ソセンポ》にあった清正は急報に接して、急ぎ帰城する。

蔚山危急は、各地の諸将にも伝わり、釜山浦の毛利吉成は小早川勢らとともに二十六日に西生浦に着陣し、蔚山城の後巻をうかがった。これが、蔚山救援軍の第一陣である。釜山浦に、一定の軍事指揮権が与えられている吉成が在番していなかったら、これほど素早く救援に駆けつけられなかったかもしれない。

蔚山城にて浅野幸長《よしなが》が記した「うるさん表之様子」には、十二月二十七日午の上刻（午前十一時から正午までの間）、毛利吉成および山口宗永が舟手をよこし、馬印を捧げ合って城中の者と連絡を交わしたとある。この動きを察知した敵勢は、柴を集めて城の三之丸を火攻めにしようと試みたが失敗に終わった。そして、敵味方の船戦になったが、日本軍が勝利したという。続いて黒田長政、安国寺恵瓊、竹中隆重、毛利秀元らが到着し、年末には蜂須賀、生駒、脇坂、鍋島らの軍勢が合流した。

一方、勝永が西生浦に着陣したのが、慶長三年(一五九八)正月元日のことであった。同日に着陣した顔ぶれを見ると、長宗我部元親、中川秀成、池田秀雄と、泗川倭城普請組が揃っている。また、泗川倭城の守将として入城した島津義弘の軍勢は移動しなかったが、かわりに朝鮮渡海時に同手に属していた秋月種長、高橋元種、伊東祐兵、相良頼房らが来援している。この時期、泗川倭城の普請にあたっていた勝永は、父吉成とは別々に行動していたのである。

西生浦に集結した来援部隊は、ただちに蔚山倭城救援のための陣立を行った(『黒田家文書』二一〇)。それによれば、毛利吉成は鍋島直茂、蜂須賀家政、黒田長政らとともに一番手を構成している。吉成の手勢は百五十に過ぎず、鍋島の千六百、蜂須賀の二千二百、黒田の六百に大きく劣っていたが、与力の兵力が都合四千五百五十となっており、総兵力四千七百に達していた。一番手の兵力の中核を担っていたといってよかろう。

加藤清正、浅野幸長らは明・朝鮮連合軍の猛攻に耐えていた。正月三日、毛利秀元、吉川広家らの軍勢が来援、日本軍はようやくまとまった軍勢を得た。明・朝鮮連合軍が退却にかかったところを、日本軍はこれを追撃して大戦果をあげた。

家中統制に苦しむ勝永

戦後、西生浦城の管理は吉成をはじめ勝永、伊東祐兵、秋月種長、高橋元種、相良頼房らが担当することになった。

渡海してきた浅野長吉は、釜山に上陸すると、さっそく吉成の陣所を訪ねたが、これに応対したのは勝永のみであった。勝永は父吉成が安骨浦へ談合のために赴いていると告げた。吉成に会えなかったことを残念がった長吉は、西生浦へ戻り、正月十三日、吉成に宛て、談合の様子を聞かせてもらえるよう書状をしたためている。

一方、本格的な戦闘、しかも慣れぬ異国の地での軍事行動によって、勝永のほうは体調を崩していたようだ。慶長三年(一五九八)正月二十一日、浅野長吉の息子幸長は病中の勝永を気遣う書状をしたためている。

先度は参り候之処、種々御懇意之段、過分浅からず候、然らば御煩いかが御座候や、千万御心元なく存じ、御見舞として使札をもって申し入れ候、時分柄の儀候間、能々御養生肝要に候、尚後音之時を期し候、恐々、
尚々御煩千万御心元なく候、已上、

正月廿一日
毛利豊前守様
（『浅野家文書』二五七）

先に見たように、吉成は秀吉の九州平定にあたって、浅野長吉ともども町中へのお触れをだすなど両名は親交があり、勝永自身も長吉の息子幸長とは互いの陣中を訪問しあう仲であった。このような毛利父子と浅野氏の交流は、後に勝永の弟権兵衛が土佐山内家を退いて、紀州浅野家に仕えたという所伝にも繋がっているようだ。

長期にわたる朝鮮在陣によって、勝永も家中も疲弊していた。二月十日付で、勝永が家臣に与えた知行宛行状がある。

少分に候といへども堪忍分田川之郡に於いて二百石扶助せしめ候、全知行有るべき者也
慶長三
二月十日　　吉政（花押）
白木多左衛門とのへ
（「白木信博氏所蔵文書」）

実は、白木多左衛門に対しては、すでに勝永の父吉成が知行宛行状を発給している。「規矩に於いて朽網村貫村両郷五百石」の知行宛行状である（「白木信博氏所蔵文書」）。

そして、勝永は田川郡のうちで堪忍分の二百石を与えている。勝永は家督を継承していたわけではないが、吉成の領地六万石から一万石を分与されていた。自身の領地から、父とは別に知行を与えているのである。「堪忍分」とあるところが、毛利家の苦しい内情を物語っている。『北九州市史』は、白木多左衛門がはじめ吉成に仕えていた際には五百石を領知していたのだが、勝永付きとなったために二百石に減石され、それで「堪忍分」という表現になったのだとしている。しかし、父から子へ配属が変更されただけで石高を半減されてはかなわない。『北九州市史』の解釈は首肯できない。

おそらく、白木氏が吉成から拝領した知行はそのままで、朝鮮出兵にともなう軍役負担に対して、勝永が別個に報いたものではないだろうか。

この頃、朝鮮在陣諸将の間には、厭戦《えんせん》気分が蔓延《まんえん》していた。吉成や勝永が家臣の統制に苦慮しているのも、同前である。

四月二十日、山口宗永は船手の村上三郎兵衛に宛てた西生浦在番人数帳において、「普請にあたる人数について承引しない者があれば、毛利壱岐守と相談して成敗を加えても苦しからず」と、伝えている（「村上文書」『福岡市史』史料編近世1所収二一七）。朝鮮在陣の将兵たちの憔悴《しょうすい》ぶりは限界に達していた。

秀吉死す

朝鮮での戦況がはかばかしくない中、秀吉は妻妾や諸大名を従え、醍醐《だいご》の花見を催行する。そして、それ以降、病気がちとなり、諸大名を集めて一子秀頼のことを依託した。

慶長三年（一五九八）八月十八日、秀吉が死んだ。秀吉の死によって、翌年に計画されていた朝鮮への兵員増派は立ち消えとなった。後事を託された豊臣家奉行衆、および大老格の有力大名にとって、喫緊の課題は渡海軍の円滑な撤退であった。

撤退にあたっては、徳川家康、前田利家、毛利輝元、上杉景勝、宇喜多秀家という、いわゆる「五大老」の名において諸事命令が出された。十月一日、徳永寿昌、宮木豊盛の両使が釜山に上陸した。ここで、前線の主だった諸将は、秀吉の死を知らされることになる。

毛利吉成・勝永父子はともに西生浦城の守備を任されていたため、おそらく同城において撤退命令を受け取ったであろう。もちろん秀吉の死は秘匿《ひとく》され、兵卒はそれを知らされぬまま、十月下旬以降、順次、帰国の途に着いたのであった。全軍の撤退にあたっては、吉成と日向衆、それに相良勢に釜山浦の在番が命じられた。吉成と勝永らが釜山を発したのは、十一月二十四日といわれているが、それ以前に同地を発ったとする説もある。朝鮮との最後の会戦を戦った島津義弘、その敢闘《かんとう》によって順天から脱出を果たした小西行長らも翌二十五日に釜山を発った。

秀吉の死にあたっては、前田利家邸において諸侯に形見分けがなされた。『甫庵太閤記』には、諸大名に与えられた形見の品が列挙されているが、その中に「金子二十枚　毛利壱岐守」「さだざね　毛利豊前守」とある。「さだざね」とは、備前福岡一文字派の貞真であろうか。貞真は鎌倉期に活動した刀鍛冶である。

年次および日付未詳であるが、鍋島勝茂が生三宛に出した書状に、「毛豊州おうへ御下之由」という文言が見える。生三とは、鍋島一門のひとりである。「毛利豊前守の室が下向するため、お迎えの儀を申し付ける。政家様、慶誾《けいぎん》様へも我々のほうから使者を一名申し付けるようにする」といった内容である（「坊所鍋島家文書」）。慶誾尼は慶長五年三月に没するから、それ以前の書状ということになる。おそらく慶長四年から五年のはじめ頃のものであろう。

勝永の妻安姫は、おそらく証人として上方に留め置かれていたと考えられるが、秀吉の死、あるいは渡海した勝永の帰国にともない、国許へ戻ることが許されたのかもしれない。

しかし、その差配を毛利家ではなく、鍋島家が仕切っているところは興味深い。先の鍋島勝茂書状の文脈からは、勝永の妻は婚家の小倉ではなく、佐賀へ戻ることが読み取れる。その理由として、安姫の懐妊が考えられる。勝永嫡男式部勝家は慶長五年の生まれと考えられるから、時期的にも符合する。いずれにせよ、かつて「五州二島の太守」として鎮西に君臨した龍造寺家の姫ということで、一定の尊崇が払われているものと思われる。

彦山一件

時間はやや遡《さかのぼ》る。

豊前・豊後両国にまたがる彦山（英彦山《ひこさん》）は、日本有数の修験霊場である。現在の「英彦山」は、英彦山神宮に代表されるように、明治政府の神仏分離令を受けて、神社として存続している。しかし、それ以前には天台系の寺院が立ちならぶ一大宗教都市であった。江戸時代中期、霊元天皇から「英彦山」の称号が下賜され、以降、このように表記されるようになった。毛利吉成が豊前小倉に入部した当時は、「彦山」である。

天正十五年（一五八七）七月十五日、大坂にあった黒田休夢斎は彦山御座主《ざす》に宛て、彦山領の安堵を秀吉に上申した旨を伝え、合わせて豊後国内のことは、黒田官兵衛、森壱岐守の両名に相談されるがよいでしょう、と述べる内容の書状を発給している。休夢斎は官兵衛の叔父であり、この頃、御伽衆《おとぎしゅう》として秀吉の側近く仕えていた。

添田町から彦山（英彦山）を望む（添田町提供）

彦山の座主は、この一カ月ほど前に舜有大僧都《しゅんゆうだいそうず》が死去して以来、その孫娘である昌千代が継承していた。

天正十八年正月二十八日、昌千代は「森壱岐守」および「黒田勘解由亮」に宛て、関東出陣が間近いため、祈祷した目録を進上した。このように朝鮮出兵以前は、毛利、黒田ともに彦山との関係は良好であった。

毛利領のうち、岩石城を預かっていたのは、吉成の弟出羽守吉雄（久八郎。吉勝とも）である。この吉雄が彦山座主の昌千代に目をつけた。吉雄は自分の息子を昌千代に娶せることを目論んだ。

すなわち、おのれの息子を彦山座主の婿《むこ》として送り込もうと企図したのである。

彦山対毛利吉成

毛利氏の干渉に対して、彦山側は「殺生《せっしょう》肉食の凡俗」を座主に立てることはできないと拒絶した。ただし、彦山が反毛利で一致していたわけではなく、領主側に立って昌千代の婿取りを推進する一派も存在していた。

『黒田家譜』には、毛利吉成の次男を彦山の座主に弟子入りさせ、その跡を継承させようと所望したとあるが、実際に座主である昌千代のもとへ押しかけたのは、吉成の甥である毛利九郎であった。この毛利九郎が、『毛利系伝』における誰に比定されるかが問題となる。候補としては、吉成の弟出羽守吉雄の子、吉勝がある。この父子は岩石城を預かっていた。もう一人は、同じく吉成の弟次郎九郎吉高である。こちらは「九郎」の通称が共通している。

豊前に入部した毛利吉成には、居城である小倉城の他に、一族重臣に城代を任せている城として、香春岳城（城主毛利九左衛門）、岩石城（城主毛利吉雄）の二城があった。香春岳城を預かる毛利九左衛門は、はじめ犬飼九左衛門時定といい、もとは信州小笠原氏の旧臣であった。その息子は吉十郎といった。

このうち、彦山に近いのは、岩石城のほうで、ちょうど彦山と香春岳城の中間に位置している。彦山へ介入したのは、岩石城主毛利吉雄のほうであるとみてよかろう。

慶長四年（一五九九）二月二十四日、毛利九郎は鉄炮で武装した配下三十余人を従えて、彦山へ登り、昌千代の政所坊御座へ押しかけた。

毛利九郎に対した立石坊有延（後に政所坊有守）は、九郎を酒肴《しゅこう》で饗応する一方で、毛利一派で九郎の登山に呼応して火をかけようとした滝蔵坊を斬らせた。

昌千代は、有延が背負って山道を抜けて下毛郡雲山国宮苑という地に落ち延びて無事であった。

政所坊、惣厳坊、桜本坊らは彦山領の安堵を取り付けるため、豊臣家奉行衆に対して働きかけを行った。

九月二十五日には、三名連署にて西持院へ訴え出た。西持院は龍造寺家の祈願所で、この頃は鍋島氏の庇護のもとにあった。連署状のおもむきは次のようなものである。

「当山のことはご存知のように、太閤様がはじめて九州御動座の折、往古よりの祈願所であると認められ、安堵の御朱印を下されましたが、今度、毛利壱岐守によりかけられた数々の非分の儀、凌ぎ難く、去る八月二十八日、山上ことごとく開け退き、豊後、豊前、筑前の諸国に頼っている有様です。詳細については学琳坊が申し上げますが、今度の彦山の状況を御心にかけられ、何卒お力添えをお願いいたします」

さらに、政所坊有守、巧門坊豪源、学琳坊実源の三名は、十月四日に上洛を敢行、途中、黒田長政を頼って訴訟の手続きに踏み切った。彦山方についた長政は、ただちに上方へこの件を通達し、折り返し、十一月二十一日付で大谷吉継から三奉行へ連絡した旨を報ずる書状が届けられた。

裁定下る

慶長五年(一六〇〇)三月五日、長束正家、増田長盛、前田玄以の三名が連署して、「九州彦山条々」が出された。守護不入を再確認し、山中の竹木伐採、鹿狩りなどを禁じた五箇条からなっており、翌月、彦山に壁書として掲げられている。

豊臣家三奉行は、同日、大谷吉継に対して、彦山を退転した者たちの還住を図るように衆徒中へ通達せよと命じている。

彦山の事、毛利壱岐守御取次の儀、年中一度二度御祈祷の御札巻数など上せられ候、奏者の事までに候、彦山に於いて、毛壱違乱これ有るまじく候条、其段衆徒中へ堅く御異見候て還住然るべく候、毛壱へも右の通り申し渡し候、其の心得有るべく候、恐々謹言

三月五日　長大正家(花押)

増右長盛(花押)

徳　玄以(花押)

大刑少殿

御宿所

(「高千穂家文書」『福岡県史』)

政所坊有守らの運動が実り、訴訟は彦山有利の結果が出たと考えられている。しかし、奉行衆の連署状には、年に一、二度、御祈祷の巻数《かんじゅ》が進上された際に、取次役となっていた毛利吉成の立場も考慮されている。今後、違乱のないように吉成には申し渡したので、彦山側もそのように心得ることであるといった主旨になっている。

今回の彦山側からの訴訟一件は、黒田長政を頼っておこされ、長政から大谷吉継を窓口として、豊臣家奉行衆に取り次がれている。したがって、大谷吉継に宛てたこの奉行衆連署状の内容は、大谷から黒田長政へ伝えられ、長政は、それを彦山側へ通達したと考えられる。

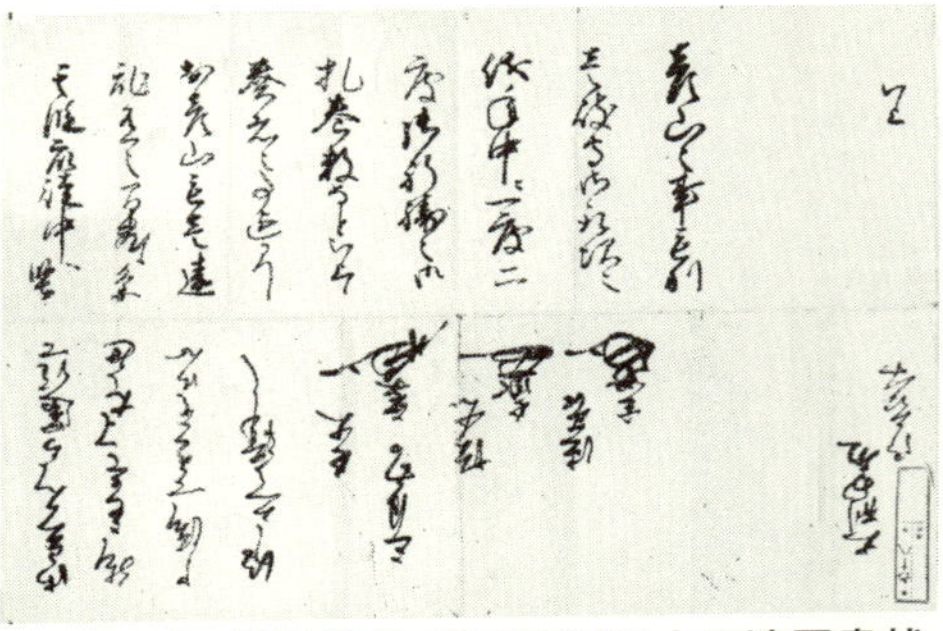

長束正家、増田長盛、前田玄以による連署書状
（添田町提供）毛利吉成の立場も考慮されている

上洛していた政所坊有守らは、さっそく勝訴の旨を彦山へ連絡した。

八月二十四日、政所坊・惣巌坊・桜本坊に宛てた神刑丞・原右衛尉の返書案には、「今度天下御裁判輝元様これ仰せ出され候哉」とある。西国の管轄として、毛利輝元の裁断と認識されていたようである。

また、毛利吉成へも書簡を呈しており、「然らば此比御下向之由候」とあるように、彦山一件が落着してじきに吉成は九州へ下っていたようだ。吉成の九州下向については、関ヶ原合戦前夜の権力闘争が深く影を落としていた。このことについては、次章で詳述する。

今度の彦山一件は、彦山側の主張が認められ、豊臣家奉行衆による安堵状を勝ち取った。中でも、毛利氏の婿入りを阻止したことは、領主権力から一定の独立を保持したともいえる。しかし、その一方で、彦山へ押し入った毛利九郎の処分はなく、毛利吉成も通り一遍のように安堵状の内容を通達され、今後は違乱のないようにと注意されたにとどまった。訴訟の後、政所坊たちは吉成へ書簡を呈しているため、彦山と毛利家の関係が冷えきったわけではないらしい。

彦山方の思惑

昌千代の伴侶選びについては、喫緊の課題であったわけだが、なぜ彦山側は毛利九郎の入山を嫌ったのであろうか。

彦山側は「殺生肉食の凡俗」を座主に据えるということを許すことはできないと主張している。しかし、昌千代の父は秋月種実の長男種長であり、武家からの婿養子については前例がある。したがって「殺生肉食の凡俗」とは、建前に過ぎない。

考えられるのは、秋月氏とは違って豊臣氏の権力を背景とした強力な領主権を発揮する毛利氏から婿を迎えれば、彦山の権益が著しく損なわれることを忌避したということである。

加えて、小倉毛利氏の出自も問題視されたのではないだろうか。九州では、平安期以来の名流であった秋月氏と比べて、毛利吉成はその出自さえも明らかではない。しかも、毛利と称しているが、安芸毛利氏とは血縁関係にない。

関ヶ原合戦後、毛利吉成・勝永父子が改易されると、小倉城には細川忠興が入部することになる。やがて、忠興の斡旋《あっせん》と黒田如水（孝高）の了解によって、大納言日野輝資の次男で、相国寺の僧侶となっていた豁山玄賀《かつざんげんが》が座主に迎えられる。彦山に入った玄賀は昌千代の婿となり、座主忠有となった。

庇護を約束した黒田氏、小倉から肥後へ移封となった後も祈祷料を寄進していた細川氏に対して、彦山関連の資料では、毛利吉成の統治はしばしば圧政と評価されている。挙句の果てには、毛利（吉成）がほどなく病を得て亡くなり、息子（九郎のことか）も狂死したと記しているほどである。無論、事実ではない。

第四章　関ヶ原合戦と毛利父子の没落

「天下殿」家康

長らく、関ヶ原合戦は「天下人」を決定する天下分け目の戦いという捉え方がなされてきた。しかし、近年では単純に豊臣氏と徳川氏の対決であったとする説は後退し、豊臣政権内の抗争という位置づけがひろまってきている。そして、勝利者となった徳川家康でさえも豊臣家の大老という立場が厳然として続いており、江戸幕府草創の端緒とはいえないのである。

その一方で、家康が「天下殿」と呼称されていたことも事実である。秀吉の遺命によって、家康は天下の政治を預かる立場となっていたのである。そうした家康にとって、秀吉没後に「果たして諸大名が自分の言うことをきくか?」という疑心が頭をもたげてくるのも無理からぬことであろう。

徳川家康像（堺市博物館蔵）

秀吉没後、家康は加賀前田家に恫喝《どうかつ》を加え、利家未亡人まつ（芳春院）を江戸へ下すことで屈服させた。続いて、越後から会津へ国替えになったばかりの上杉景勝へ上洛を促した。上杉家が新領地会津の諸方に橋を架け、道を整備していることをあげつらって、謀反の罪を着せたのである。上杉家の当主景勝は、讒言《ざんげん》した者を糾明してほしいと訴えたが、これは退けられた。上洛せよとの一点張りに、景勝は執政直江兼続をして、「まるで乳飲み子への対し方である」と十六箇条にも及ぶ長文の返書をしたためさせた。世に言う「直江状」である。

「直江状」は従来、家康への挑戦状という見方がされてきたが、正確には家康の意を請けた相国寺塔頭《たっちゅう》豊光寺の西笑承兌《さいしょうじょうたい》の上洛勧告状に対する返書である。

なおも、景勝は上洛の条件として讒言者への取り調べを要求したが、家康は景勝の上洛を大前提としたため、交渉は決裂した。

上杉主従の毅然とした態度は賞賛すべきものではあるが、しかし、結果的には家康の会津征討に口実を与えることになった。

そして、遠い会津を策源地とする戦乱の動きに、毛利父子も否応なく呑み込まれていくことになる。

鍋島・毛利の誤算

龍造寺高房、鍋島勝茂は、慶長五年（一六〇〇）の正月を大坂玉造の屋敷で迎えた。

徳川家康が会津の上杉氏を討つため諸大名に動員をかけ、六月十六日、大坂を発向した。

当初、龍造寺・鍋島勢もこれに加わるため願い出たが、家康から「加賀守（鍋島直茂）ことハ、加藤清正と同く国へ罷下、黒田如水と申談、九州筋の儀心遣致さるべき」とされた。このため、鍋島直茂・勝茂父子はいったんは帰国を決めたらしい。

そこへ、黒田長政からの使者がやって来た。長政は「自分と同道すれば、関東への従軍は問題ない」と伝えたため、国許へは直茂のみが帰国することになった。

しかし、鍋島家の老臣たちが、武具の修理が終わらず、このままでは見苦しいとか、腫《は》れものが完治せず馬に乗れないなどという理由で、即日出陣ができなかった。このため、黒田長政は鍋島勢同陣をあきらめて、大坂を発向したという（「勝茂公御年譜」『佐賀県近世史料』）。しかし、これはいかにも作為的である。そもそも家康に従軍を願い出ているのであれば、いざ従軍を許された場合に、前述のような遅延理由を持ち出すわけにもいくまい。

事実は、鍋島父子が「九州へ帰国せよ」という家康からの命令を取るか、黒田家からの申し出にすがって奥羽へ出陣するか、で逡巡《しゅんじゅん》したのであろう。

結局、直茂のみが帰国することになり、勝茂に宛て、「秀頼様御用相立つべき覚悟をもって、大坂取出候上は、内府公の御下知を請け、不惜身命御用罷り立つの事」といった条書を示した。すなわち、龍造寺高房、勝茂らに関東行きを命じたのである。

この軍勢に、毛利勝永も加わることになった。龍造寺家の婿である勝永は、この時期、鍋島父子とも同一歩調をとっていたようだ。

ようやく、七月上旬になって、高房、勝茂、そして勝永同道の上で、大坂を出陣し、近江愛智川まで至った。しかも、何かの理由で進軍が遅滞しているうちに、石田三成の兄木工頭《もくのかみ》正澄が一万ばかりの人数を率いて、愛智川に関所を設けて、関東へ向かう人数を足止めしてしまった。

そうこうしているうちに、安国寺恵瓊が使者としてやって来て、龍造寺・鍋島・毛利の軍勢を関東へ発向させるわけにはいかないと告げ、菊首座《きくしゅそ》という僧侶をして家康の非義を書き立てさせ、西国大名衆を前に演説を行った。

鍋島勝茂は、東国へ下向できないことを口惜《くや》しく思ったが、即座に大坂へ帰ることはせず、近江八日市あたりに軍をとどめて、鷹《たか》狩《が》りをすると称して様子をうかがうことにした。しかし、豊臣家奉行衆からの催促があり、やむなく大坂へ帰陣した。

『勝茂公譜考補』は、龍造寺高房には毛利輝元の娘との縁組が持ち上がっており、加えて毛利豊前守勝永は妹婿（姉婿が正しい）だからその縁にひかれて、（高房は）深い考えもなく豊臣家奉行衆に味方してしまったのだろうとしている。

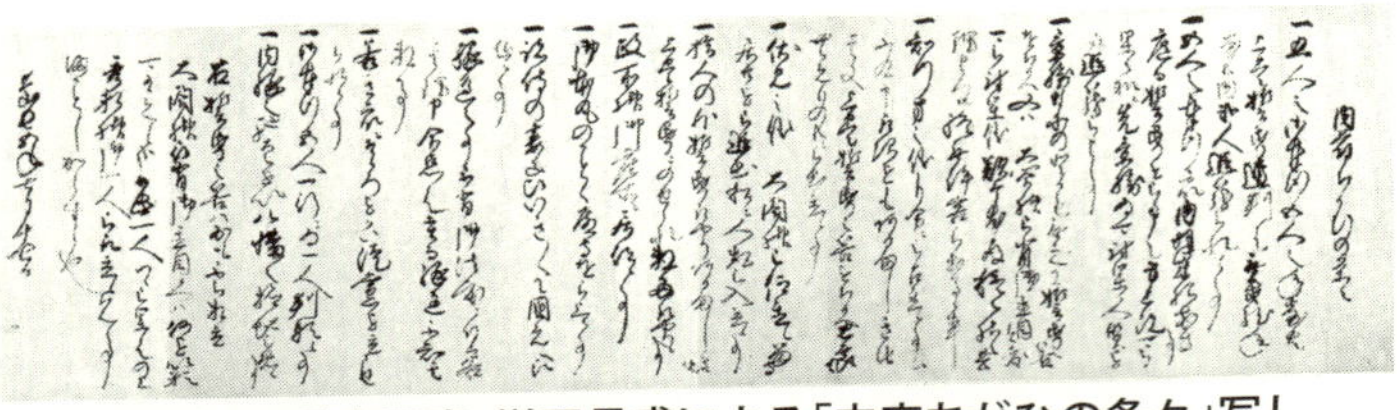

前田玄以、長束正家、増田長盛による「内府ちがひの条々」写し
（福岡市博物館蔵）

家康弾劾状

七月十七日、豊臣家奉行衆は家康の専横を弾劾《だんがい》する書状「内府ちがひの条々」を各地の大名へ書き送った。

吉成・勝永父子はいかなる理由で西軍へ与《くみ》したのか。豊臣家への忠誠心、とするのは間違っている。加藤清正、福島正則、黒田長政ら秀吉子飼いの武将たちの多くは東軍に身を投じている。西軍が秀吉への忠節に殉じた者たち、東軍が落ち目となった豊臣政権を見限った者たち、という構図は、江戸幕府成立そして徳川氏による覇権確立という結果にたった見方に過ぎない。秀吉や豊臣家への忠節という点では、東軍についた福島正則、加藤清正らも強く意識していたことであろう。

関ヶ原合戦前夜、九州の諸大名は微妙な立場に置かれていた。先ごろの大陸出兵にあたっては先陣を切っていたが、関ヶ原合戦に先立つ奥羽上杉景勝討伐には、黒田長政を例外として、ほとんど参加していない。結局、関ヶ原合戦においては、東軍の九州勢としては黒田長政が主だったところであり、一方、後に西軍を構成する九州の諸将には小西行長、相良頼房などがいたが、そのほとんどが、会津征討当時はこれに従軍しておらず、ましてや上方にあったかどうかも定かではない。

西日本における西軍勢力のキーとなるのが、毛利輝元の動きである。

安国寺恵瓊らの策動によって、輝元が安芸広島を発し、海路大坂城に入ったのが七月十五日のことであった。その二日後には前述の「内府ちがひの条々」が出されている。勝永や龍造寺・鍋島勢の緩慢な動きは輝元上坂の影響もあったろう。吉成もおそらく毛利輝元の大坂入城と前後して上坂し、石田三成、安国寺恵瓊らが家康への弾劾状を諸大名へ回覧した前後には上方にあったと思われる。

秀吉という巨大なバックがいなくなってしまい、吉成・勝永父子はかつての九州探題的な政治的地位を低下させ、反対に西国有力諸大名の動向をうかがう立場に置かれざるを得なかったといってもよかろう。

伏見城攻め

豊臣家奉行衆は、まず伏見城の攻略を企図した。同城には、家康が留守居として鳥居元忠、松平家忠、内藤家長らを差し置いていた。七月二十五日夜、伏見城の艮方《うしとら》（北東）に、小早川秀秋を主将として、勝永をはじめ、鍋島勝茂、島津義弘、垣見家純ら一万五千余が布陣した。攻囲軍は大量の木材をもって堀を埋め、外郭を占領した。

城への一番乗りは、鍋島勢の成富十右衛門であった。鍋島勢とともに、勝永の一隊も城内へ突入した。

この時、勝永は家臣鳥飼左助と主従二人で月見櫓《やぐら》へ火矢を射かけた。敵がひるんだのを機に、毛利勢は舟入の黒金門へ寄せかけた。勝永の家臣岩村清右衛門と鳥飼左助は、鑓《やり》を構えて城内へ突入した。

清右衛門が敵の鑓にかかって倒れたところに、鳥飼左助が近づいてくる敵を討ち取り、同輩の危機を救った。

杉助左衛門の聞書によれば、敵の猛攻によって「左助同勢一所ニ引退候」とあり、勝永がこれを見届けて、

「左助、逃げたか」

と、叫んだところ、取って返した鳥飼左助、そして杉五郎兵衛（助左衛門父）が指物を従者に持たせ、ふたたび突撃して「家来清左衛門（岩村清右衛門のことか）取返ス」とある。鳥飼の覚書にある岩村清右衛門奪回のいきさつのことを言っているのであろう。これは、現場にいた

杉五郎兵衛から息子の助左衛門が聞いた話として伝えられている。

毛利久左衛門は、櫓より鉄炮で狙撃されて倒れた。敵の抵抗が激しさを増し、寄せ手の諸隊は一時、総退却を余儀なくされるほどだった。味方が逃げる中、鳥飼左助は一人とって返し、くぐり戸から出てきた敵兵五、六人を鑓で押し込み、討たれた毛利久左衛門を担いで城外へ逃れた。

城方との激しい白兵戦が展開する中、小早川秀秋の軍勢からもおびただしい数の火矢が放たれ、ついに天守を焼き崩した。これを機に城方は防戦一方に追い込まれ、鳥居元忠、松平家忠ら城将以下、士卒八百余が討死した。

落城は八月一日であった。

「日本にかつてないほど豪奢で結構な太閤様の御殿があった。それは太閤様が生前に造営した最後のものであり、その内部は他のいかなるところより丹精がこめられ、余財のすべてが投入されていた。そして、また、太閤様のあらゆる閑暇と享楽の場所でもあった。しかし、この世の偉大なものがいかに永続することなく価値に乏しいものかを理解するためには、これらのすべてが、きわめてわずかの間にあえなく灰燼に帰したのを見れば足りるであろう」と『イエズス会年報』は伝えている。

「家中弱り正躰なき」

伏見城攻めにおける勝永の働きぶりは、高く評価された。この戦闘に関する感状は三点が知られている。

八月朔日《ついたち》付の増田長盛によるもの、八月二日付、長束正家・増田長盛・前田玄以の三名連署によるもの、そして、八月五日付、毛利輝元・宇喜多秀家が鍋島勝茂、毛利勝永の両名に宛てた感状が出されている。

去ゝ年以来、内府、(闕字)太閤様御置目に背かれ、上巻之誓紙を違われ、恣之働ニ付いて、相立てられべき御置目として、鉾楯に及ばれ候。第一伏見之御城(闕字)仰せ置かれ候御留守居を追出、関東之凡下野人之者共御座所を踏荒すの段、是非なき次第に付いて、今度城際迄各押し詰められ、則時ニ乗り崩し、鳥井彦右衛門を始め、八百餘討ち果たされ候儀、比類無く存じ候。殊に貴所御手前御粉骨之至り、(闕字)秀頼様御感斜めならず候。仍て、金子廿枚幷びに御知行三千石宛行れ畢。猶以、御忠功の抽んぜらるべきの由、(闕字)仰せ出さるの状、件の如し、

慶長五

八月五日　　　　　　　　　　　　藝中
　　　　　　　　　　　　　　　　　輝元　判
　　　　　　　　　　　　　　　　備中
　　　　　　　　　　　　　　　　　秀家　判

鍋島信濃守殿
毛利豊前守殿

（『勝茂公譜考補』）

ここでは、鳥居彦右衛門をはじめ城兵八百余を討ち取ったことを賞し、金子《きんす》二十枚、知行三千石を宛行っている。朔日、二日に発給された奉行衆のものよりも内容や褒賞《ほうしょう》が具体的である。

さらに、「秀頼様御感斜めならず」と記されており、貴人への尊崇を示す闕字《けつじ》が何カ所もある。大坂城首脳が了解の上で、豊臣秀頼の意を体して、勝茂および勝永が褒賞されたことが明らかである。

他に、『旧記』に採られた八月五日付の感状があり、こちらは、長束、増田、石田、徳善院、輝元、秀家の六名連署、宛名は勝茂一人であるという。

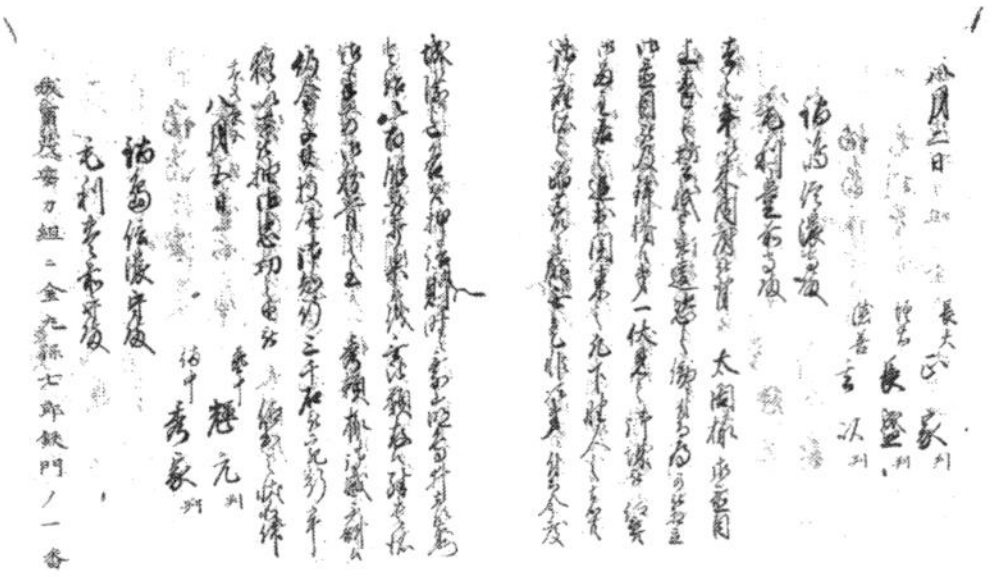

毛利輝元・宇喜多秀家が鍋島勝茂と毛利勝永に宛てた感状の写し（『勝茂公譜考補』）
（公益財団法人鍋島報效会蔵／佐賀県立図書館寄託）
伏見城攻めを高く評価している

後年、土佐山内家の野中玄蕃《げんば》に提出された鳥飼覚兵衛（左助改め）の武功書付によれば、伏見城における戦闘で毛利勢が獲った首級六つのうち、三つは鳥飼左助が討ち取ったものという。残り三つについては、勝永が配下に「預けた」とある。おそらく弓矢、鉄炮により討ち取ったため、戦功の認定が難しかったのであろう。相談の上で、功名を得た者を決めろということであろうか。そこで、弓の者次田作左衛門、串橋清左衛門、服部三蔵の手柄ということになった。鳥飼左助が討ち取った者のうち、一人は土山又八という剛の者で、斬り合いによって勝負を決したが、左助自身も三カ所手を負った。土山又八の具足、甲、鑓は左助が手に入れた。勝永は、左助の戦功を賞し、褒美として「古三原ノ脇差」を与えている。

しかし、毛利勢の損耗は激しく、勝永に従っていた家老毛利九左衛門、毛利勘左衛門などが討死した。

毛利九左衛門は、吉成から香春岳城を預かる重臣で、小倉から兵を引き連れて上方へ到着し、「毛利甲斐守様（秀元）仰せを蒙り粉骨を尽し」たと『関原陣輯録』は記している。苛烈な伏見城総攻撃は、毛利秀元の下知によってなされたが、損害が大きい先鋒は、鍋島、小倉毛利など九州勢に任されたらしい。

細川家の家老松井康之は、「今度伏見にて森九左衛門、同勘左衛門、その他数多討死致し候き、家中弱り正躰なき旨候」と、毛利家中の様子を書いている。とりわけ、香春岳城を預かっていた九左衛門の死は、毛利家にとって影響が大きく、後に豊前在国の家中の動揺に繋がっていく。

吉成の加藤清正調略

すでに「彦山一件」のところでふれたが、八月二十四日付の彦山政所坊・惣巌坊・桜本坊の書状では、毛利吉成の九州下向について述べられている。実際、伏見城が陥落して間もなく吉成は上方を離れていたらしい。

八月二十八日付の、細川家の家臣たち十一名の連署状に、「一、毛壱去十八日罷下熊本へ被越旨ニ候、輝元・奉行衆より主計殿へ使として被下候由候」とある。

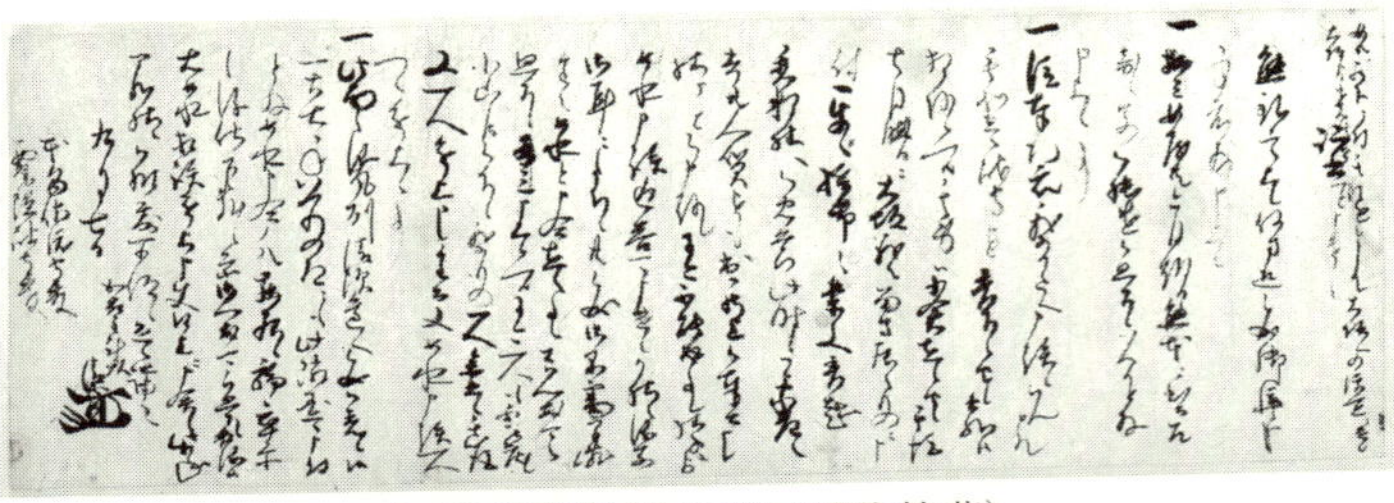

加藤清正書状（福岡市博物館蔵）

細川家では、毛利吉成が大坂城の毛利輝元、豊臣家奉行衆の意向を加藤清正に伝えるべく、熊本へ赴いたという観測を示している。さらに、黒田如水が小倉攻撃の構えをみせており、小倉城ではこれを案じているという。そのため、吉成は小倉を離れることができず、豊臣家奉行衆への返事は使者を上せるにとどまるだろう、と綴《つづ》っている（『綿考輯録《めんこうしゅうろく》』巻十五）。

一方、九月七日、加藤清正は、本多正信、西尾吉次に宛て、大坂から妻室が熊本へ下向したこと、大坂の奉行衆から参陣を要請されたが、黒田如水と相談して、応じなかったことなどを報じた（『黒田家文書』一六一）。この清正書状中に、次の一条がある。

「一、奉行衆より、我等かたへ申し談じ候はんとて、毛利壱岐守を差し下すの由に候。書状は相越し候え共、其の身は小倉にこれ在るの由に候」

つまり、清正のもとへ毛利吉成からの書状は届けられたが、吉成自身は小倉に在ったとして、熊本出張を明確に否定している。

豊後日隈城主毛利高政の留守居森則慶は、鍋島直茂の側近鍋島生三・石井生札の両名に宛てた書状で、毛利吉成方より宮田某が田川郡境目まで少々兵を出していると報じている（『黒田家文書』二二〇）。

細川・加藤家の文書には、吉成は八月十八日に九州へ下ったとある。この時点では、鍋島勝茂、小西行長、島津義弘、立花統虎など九州方面の主だった西軍大名は、ほとんどが上方にあった。

そして、吉成は、在国中の加藤清正を味方につけるため、一軍を勝永に預けて急ぎ帰国したのであろう。前後して、太田美作（一成）が下向し、細川氏の家老松井佐渡守へ奉行衆の書状を渡し、一味を求めていた。しかし、細川方ではこれを拒絶し、「重ねて同様の使者を寄越すならば、その使者の首を刎ねる」と、強硬な姿勢を見せている。加藤、細川の対応ぶりからは、豊臣家奉行衆への強い不信感が看取されよう。

伊勢安濃津城攻め

西軍は、伏見城を陥落させた後、畿内近国で東軍に属している諸城の攻略に着手した。具体的には、細川幽斎が拠る丹後田辺城、富田氏の伊勢安濃津城などである。

この時、先の城攻めで人的損害が著しかった毛利勝永勢は、安国寺恵瓊の支配下に入った。

安濃津城は富田信濃守信高らが籠っていたが、これを八月中旬より吉川広家、長宗我部盛親、龍造寺高房、鍋島勝茂、そして毛利勝永らが攻囲した（『勝茂公譜考補』）。

しかしながら、以降の勝永とその手勢は存在感が低下し、精彩を欠く。伏見城攻めでは、鍋島勝茂と連名での感状を受けた勝永であったが、安濃津城攻めの感状の宛名は、鍋島勝茂単独となっている。それほど伏見攻城戦における毛利勢の被害は甚大なもので、安濃津城攻略戦では主たる戦力にはならなかったものと考えられる。

安濃津城攻めに関わる頸注文は何点かが伝えられており、『毛利家文書』に採られている。主力の毛利秀元が提出したものには五十五の首数が記録され、持ち場以外での十一を合わせて六十六であったという。他の諸勢が獲《え》た首数は、毛利元政勢の十、生け捕り一人、宍戸《しし ど》元次勢による三十七、福原広俊勢による十七、安国寺恵瓊の手勢による四十七、渡辺長勢による五、と記録されている。このうち、安国寺恵瓊が八月二十五日付で、増田長盛、堅田兵部少へ宛てた「伊勢国津城合戦頸注文」には、安芸毛利勢が討ち取った首数が記され、諸隊の後に、

「頸八　毛利豊前守」

という一行が記されている（『毛利家文書』三七九）。安国寺恵瓊の一手になる四十七という首数には、毛利勝永勢による「頸八」が含まれているのである。

そして、この安濃津城攻めを最後に、これまで行動を共にしてきた勝永と龍造寺・鍋島氏とは袂《たもと》を分かったようである。毛利秀元以下が関ヶ原方面へ転進する中、龍造寺高房と鍋島勝茂の手勢は「関ヶ原へ出張ナク、北伊勢ニ向テ野代ニ御陣」を置いた（『勝茂公譜考補』）。おそらく、損耗激しく「家中弱り正躰なき」と他家の文書に記された勝永の手勢は、安芸毛利氏（具体的には、毛利氏に仕えていた安国寺恵瓊）の軍団に付属せしめられたのであろう。これが、小倉毛利氏の運命の分岐点となった。

決戦

近年、関ヶ原合戦について、従来の評価・解釈が揺らいでいる。家康が豊臣恩顧の諸大名を味方につける名場面「小山評定《ひょうじょう》」の存在の実否、小早川秀秋の裏切りのタイミング、東軍・西軍という呼称の妥当性など世間に流布されてきたエピソード、いわば各論について、あらためて史料に沿った解釈がほどこされ、合戦全体の推移すら根底から覆るかもしれない刺激的な論考が相次いで世に出ている。

しかし、本書はあくまで毛利吉成・勝永父子の視点にこだわりたい。したがって、合戦の推移については、さほど踏み込まないことにする。

さて、家康は上方における毛利輝元、石田三成らの挙兵を知るや、上杉征伐を中断した。宇都宮に息子秀忠を残し、家康は江戸城に入った。そして、会津征討のために率いてきた諸大名の軍勢を西上させ、その動向をにらみつつ、自ら出陣の機をうかがっていた。そして、東軍諸将による岐阜城攻略の報がもたらされると、ようやく西上を決意し、九月一日に出陣した。

これよりやや早く、秀忠率いる三万八千の別働隊は東山道を進んだ。しかし、信州上田城の真田氏攻略に手間取り、また江戸城の家康との連絡齟齬《そご》によって、関ヶ原における決戦に間に合わなかった。

家康が赤坂に着陣したのは、九月十四日のことであった。

大垣城を出た石田三成らは関ヶ原に布陣し、家康麾下の西上を阻もうとした。関ヶ原は、北国街道脇往還と東山道(後の中山道)が分岐する交通の要衝であった。西軍はこの二つの街道を扼《やく》するように布陣した。最近の研究では、当時の文書には「山中」という地名が多く見られ、ここが主戦場のひとつだったのではないかといわれている。「山中」とは、東山道沿いの地名で、大谷吉継らが布陣していたという(白峰旬『新解釈 関ヶ原合戦の真実』)。

かくして、関ヶ原盆地に集結したのは、西軍八万、東軍七万と、両軍十五万余の大軍団である。

通説では、正午過ぎまで一進一退の攻防が続いた。石田三成は戦局打開を図るべく、松尾山へ陣取っている小早川秀秋へ狼煙《のろし》で合図をした。しかし、小早川は動かない。それどころか、敵勢の背後に位置する南宮山に陣を張っている毛利秀元、吉川広家、安国寺恵瓊らの毛利勢にも動きがなかった。

現在では、小早川勢は初めから東軍に同心していたのではないか、という見方がひろまっている。家康が内応を促すべく小早川陣へ威嚇《いかく》射撃（いわゆる「問鉄炮」）したという話は、どうやら江戸時代になってから編纂物に盛り込まれたものであるらしい。

関ヶ原合戦の勝敗の分かれ目は、小早川勢による「内応」であり、これによって西軍は総崩れになったというのが、一般的な理解であると思われる。だが、小早川勢が信用ならないのであれば、当初からそのための用心はしておくであろう。西軍は結局、積極的に参戦する部隊が少なかったために、東軍に凌駕されたというのが実際のところであったと思われる。

決戦前に西軍の諸将が入っていた大垣城では、相良頼房が秋月種長・高橋元種兄弟と共謀し、熊谷直盛、垣見一直、木村由信らを殺害し、東軍に降伏した。この顔ぶれには、勝永とともに朝鮮に渡り、目付をつとめた者もいた。この大垣城の一件は、奇《く》しくも九州の旧族大名が豊臣政権に近い新参者を殺害するという図式を呈しているが、これは偶然ではなかろう。吉成・勝永もまた、旧族大名たちの自家保全に鋭敏な動きに立ち遅れ、過酷な運命に対峙することになる。

関ヶ原の毛利勝永

勝永が関ヶ原の決戦場に出陣していたか否かは不確かである。出陣していた場合、問題は、その布陣場所である。一説には、毛利秀元、吉川広家、安国寺恵瓊、長宗我部盛親、長束正家らとともに南宮山に陣していたとされる。

家康の会津攻めに従軍を企てて以来、勝永が行動を共にしていた鍋島勢は、安濃津、松坂を攻略した後、北伊勢にとどまり、野代（三重県桑名市多度町）という地に陣を張って、関ヶ原には出張していなかったという。野代は関ヶ原から六里を隔てており、伊勢長島城に対峙する位置にあった。長島城は福島正則の持ち城で、この時は正則の弟掃部介《かもんのすけ》正頼が守備していたという。鍋島勢はこれへの押さえと称して、宇喜多・石田・毛利らの諸隊から離れたとみることができる。物見の報告によって、関ヶ原での合戦が果てたことを知った鍋島勝茂は帰陣を命じ、伊賀・大和路を経て九月十八日に玉造の屋敷に入った。

一方、勝永が龍造寺・鍋島勢と同陣していたことがうかがえるのは、安濃津城攻めまでであり、大坂までの同行は確認できない。

関ヶ原戦陣図屏風（右隻）の「毛利豊前守（勝永）」の名が記された部分
（福岡市博物館蔵）
いわゆる「問鉄砲」の下部に描かれた「毛利豊前守（勝永）」の名前。「大坂夏の陣図屏風」とは違う意匠の旗指物と、鳥毛の輪貫の馬印が描かれている

関ヶ原合戦を描いた屏風や布陣図は相当数伝わっているが、中でも福岡市博物館所蔵の「関ヶ原戦陣図屏風」には、百八十人の武将名が記されている。これは、付箋が貼られているのではなく、付箋を模した白枠の中に名前が書き込まれているのが特徴で、描画の段階で手本となる史料に則った制作構想があったことをうかがわせる。

右隻第一扇に徳川家康本隊、南宮山に布陣した毛利などの諸勢を描く。右隻第二扇は藤川を挟んで東軍と西軍が対峙している場面が描かれている。西軍の中心に描かれているのは、松尾山の小早川秀秋勢である。東軍はこれに内応を促す銃撃（いわゆる「問鉄炮」）を仕掛けており、驚いた小早川勢が大谷勢へ攻撃を開始する場面である。

「毛利豊前守」は、松尾山の東側、藤川（藤古川）沿いに布陣しており、周囲には中嶋式部、赤座民部、井上小左衛門、服部土佐守、伊藤丹後守らの名がある。現在、書籍などに引用されている関ヶ原合戦の布陣図では、松尾山の小早川勢の東側、藤川沿いの部分には何も記されていないことが多い。

福岡市博物館本については、『関原軍記大成』の内容と符合する箇所が複数指摘されており、同書をはじめとする軍記物を通して合戦の内容を可視化したものとされている（髙山英朗「屏風に描かれた関ヶ原」『大関ヶ原展』図録）。

また、『関原軍記大成』には、勝永は南宮山に布陣していたとする記述もあり、合戦当日の勝永勢の所在は今のところ不明と言わざるを得ない。

毛利勝永、撤退

九月十五日は小雨が降り、山間の霧が視界をさえぎっていた。

合戦が果てると、南宮山に陣取った諸勢に対して家康から召喚がかかった。しかし、諸将は「後日、御挨拶申す」と返答して、各々自領へ戻っていった。吉川広家は家康に内通し、戦闘不参加とひきかえに毛利氏の所領を安堵する旨の密約を結んでいた。だが、その事実は広家と毛利秀元のみが知っていたようで、その他の諸家は完全に蚊帳《かや》の外に置かれた。

吉川広家が毛利輝元へ送った書状には、長宗我部盛親、長束正家の軍勢は「届けなし」に伊勢方面へ遁走《とんそう》したとある。安国寺恵瓊もいったんは長束勢同様に退却しかけたが、その後ふたたび南宮山に戻ってきた。どうやら、毛利が徳川家康との間で和談を成立させているらしいという情報が恵瓊の耳にも達したに違いない、という趣旨のことを記している。結局、安国寺恵瓊は毛利秀元と行を共にし、九月十六日に摺針峠を越えた後、行方不明となった。毛利秀元の配慮によるものか、鞍馬寺の月性院に潜《ひそ》んでいた恵瓊は、九月二十四日に捕縛された。

一方、勝永は近江まで退却したところで、加藤嘉明方へ使者を遣わすことに決め、「我らは南宮山よりここまでたどりつきました。今度の敗軍の結果、我らの身上は潰《つぶ》れ、秀頼公への御奉公はこれまでです。内府公から一命を助けていただけるのであれば、領国小倉へ罷《まか》り帰ると父に早々に書状をしたためました。もしご不審があれば、我らはこの地にて自害するので、検使を寄越してください」という趣旨の書状を持たせた。ところが、この使者は途中で落ち武者狩りに遭って討たれてしまった。

そこで、勝永は従兄弟の宮田甚三郎（甚之丞のことか）に、小寺孫介という者を差添え、両名に先の書状の内容を言い含めて、加藤家の陣所へ派遣した。宮田・小寺の両名は無事に戻り、加藤嘉明が了承したことを報告したため、主従は安堵したという（『関原軍記大成』）。

小倉開城

関ヶ原における東軍捷報を知らされた加藤清正は、九月二十九日、杵築《きづき》城の松井佐渡・有吉四郎右衛門の両名に宛て、中国筋への軍事行動を示唆するとともに、立花統虎も上方から落ち延びてきたので、残るは、「毛豊・鍋信・羽藤四此類たるべく候」と記している（『綿考輯録』）。「毛豊・鍋信・羽藤四」は、それぞれ毛利豊前守（勝永）、鍋島信濃守（直茂）、羽柴藤四郎（小早川秀包）を指すと思われる。

九州で活動を続けていた黒田如水の軍勢が豊後から豊前へ転進したのは、関ヶ原合戦が果ててから半月余り経った十月四日のことであった。すでに、如水のもとには、関ヶ原の勝敗が伝わってきており、如水の小倉攻めは、九月二十八日に家康が発した指示によるものであった。

現在の豊前小倉城天守閣（山本智氏撮影）**と石垣**（右、有川淳一氏撮影）
毛利氏時代のものとする説もある

家康はすでに石垣原《いしがきばる》において如水が大友吉統の軍勢を破った報告を受けており、「然れば、毛利壱岐守所へ程成るべく相働かれ、申付けらるべく候」と伝えている（『黒田家文書』一三）。この文書には、井伊直政が添状を発給しており、「毛利壱岐に取り懸かり、御精を入れられ候儀、肝要の由申され候、殊に御領分の内に候間、即ち彼の地仰せ付けらるべきの由申され候」と、家康の意向を担保している（『黒田家文書』三二）。

小倉城攻めに先立って、香春岳城を預かっていた吉成の家老毛利九左衛門の嫡男吉十郎が如水に降伏し、自ら城攻めの先鋒を願い出ていた。父の九左衛門は勝永とともに上方へ出陣し、伏見城攻めで討死していた。一説によれば、九左衛門の戦死を知った吉成が、香春岳城代として身内の者を差し向けようとしたという。これに、香春岳城の吉十郎らが反発し、黒田氏に内通したといわれている。

十月五日、如水は小倉城に使者を遣わし、関ヶ原における顚末を告げ知らせ、すでに大勢が決したことを説き、開城をすすめた。如水は降伏すれば、家康は毛利主従を宥免《ゆうめん》されるだろうと言ったため、吉成は降伏開城を決意した。開城は同月十四日であった。吉成はこの時、剃髪《ていはつ》して一斎と名を改めたという。城を接収した如水は中津城へ兵を返した。城はすでにもぬけの殻だったのか、それとも慣習に則り城明け渡しの手順が踏まれたのか。真相は不明である。

如水は居城の中津にも立ち寄らぬまま、広津山に陣を布《し》いた。この日、如水は吉川広家に宛て、「小倉城のことは、毛利輝元より加番を入れるということなので、毛利吉成へ渡さないよう命じてほしい」と書き送っている。これに着目した白峰旬氏は、毛利吉成が十月四日の時点で小倉城を出ていて、空き城になっていたのではないかと述べている（「黒田官兵衛と関ヶ原合戦」『黒田官兵衛　豊臣秀吉の天下取りを支えた軍師』）。毛利輝元が番衆を寄越すのは、空き城となっていた小倉城を確保するためであるというのだ。吉成は『豊後御陣聞書』によれば、「手ツカラ髪ヲ押切テ、小倉ノ湊ヨリノ船ニ乗、夫ヨリ何地共ナク落行給フ」たらしい。如水の軍勢が城を囲んだ際には一兵もいなかったという。

黒田如水からの報告に接した井伊直政は、十一月十二日、返書に相当する条書を示したが、その中に「肥前之内、毛利壱岐守、鍋加衆に仰せ付けられ、納め置かれるるの由、御尤もに候事」と記されている（『黒田家文書』三四）。

すでにこの頃には小倉城を出た吉成は、その身柄を黒田如水の指示によって鍋島衆に預けられたのであろうか。「肥前之内」以下は、吉成が肥前国内で豊臣家蔵入地の代官職に任ぜられていたことによる。蔵入地の管理については、小倉城を開城した毛利氏にかわって、以前代官職に就任していた鍋島直茂に一任するのがよろしかろうという内容である。家康はこのようにして、「豊臣家の大老」の名の下に、各地の豊臣蔵入地を諸大名に再配分することによって、豊臣家直轄領の削減を企図していたのであろう。

黒田家中で編纂された『豊後御陣聞書』では、吉成について非常に手厳しい評価が下されている。

「此壱岐守と申すは、常々武の道に心懸け疎く、仁義に暗き大将の、欲心深き人なるにより、日来故なく米銭を貯へ、蔵庫につみ置く計りを業として、無慈悲第一に賞罰明らかならず。侍足軽共に疎く、民人悉く困窮しければ、城中に籠兵少く、何れに人数の手当すべき様もなく、下知聞く人もなかりければ、一族老臣の者共、覚えは申しけると也」

この吉成評はあまりに歪められている気がする。筆者には、第二章で紹介したように、同輩である吉川広家の功名を上司たる豊臣秀長に正直に伝え、さらに秀長からの書状（この書状は秀長から吉成に宛てたものであって、広家に見せることは想定されていない）を広家に渡すといった好意を示す吉成が、『豊後御陣聞書』に記される「仁義に暗き大将」や「欲心深き人」であるような人物であったとはどうしても思えない。

現在、小倉にあたる北九州市でも、毛利吉成・勝永の事績はおろか、その名でさえもほとんど知られていないというのが実情である。近世小倉の発足は秀吉による九州平定、その直後の国割りに求められるのが妥当と考える。そうだとすれば、この時、小倉に入部した毛利氏の十余年に及ぶ治世を丹念に掘り起こし、その人物像に迫ることが今後、求められるのではないだろうか。

第五章　土佐配流

毛利氏改易

関ヶ原合戦で敗れ、捕らわれて処刑された小西行長の居城宇土城では一族・家臣たちの抵抗があった。しかし、加藤清正が攻囲する中、十月になって行長の死が伝えられ、行長の弟で城を預かっていた小西隼人《はやと》が自刃し、開城した。清正は肥後の過半を領して五十二万石の大身となった。

一方、毛利吉成の身柄はどうなったであろうか。

このあたり、小倉開城とともに、吉成の身柄を黒田如水が拘束したことを示す史料がない。勝永旧臣である杉五郎兵衛の子助左衛門の聞書『毛利豊前守殿一巻』には、毛利壱岐守については西軍に与したためにすでに処罰を下すことが決定していたとある。それを聞いた山内一豊、池田輝政、加藤清正、その他に名前は記載されていないが、もう一名の大名が互いに相談し、吉成の助命を願い出た。

おそらく、吉成は小倉城から落去し、上方へ至り、前記の大名たちを頼ったものと思われる。家康は山内、池田、加藤らの嘆願を容れ、加藤清正へ毛利父子の身柄を預けることにした。

毛利父子の助命を嘆願した四名の大名はいずれも自家に引き取るということを想定していたと考えられる。しかし、関ヶ原合戦後、池田輝政が姫路に、山内一豊が土佐に、といずれも新領国に入部したのに対して、加藤清正は西軍小西行長の旧領を与えられ、引き続き肥後にあった。四家のうち、加藤清正が選ばれたのは、そうした環境面の理由があげられよう。

もともと、吉成が九州へ下向したのは、豊臣家奉行衆の意を請けて清正を味方に引き入れることが目的であった。そのため、小倉城を出た吉成がなおも清正に接触を試みた可能性は否定できない。

そのため、吉成が加藤清正に連絡を取り、自身の処置を任せたということも考えられる。清正は関ヶ原合戦以前に、毛利吉成と接触していないことを家康の老臣本多正信らに対して釈明している。吉成の身柄を確保したとすれば、当然、家康へ報告がなされよう。それが前述の清正をはじめとする四大名の助命嘆願であったのだろうか。

一方、家康は黒田如水に対して吉成の始末をつけるよう命令を出させている。徳川方にとって、吉成は要注意人物だったのである。

家康が先の四大名からの嘆願を容れて、その中で吉成の身柄を清正に預けたのは、戦後、吉成自身が加藤家のもとに庇護されていたから、という解釈が自然であるように思われる。清正が家康へ言上するにあたって、山内・池田らと相談したのかもしれない。

山鹿素行は『武家事記』の中で、秀吉によって改易された大友吉統が豊後侵入を図ると、吉成はこれとしめし合わせたが、石垣原合戦で大友勢が敗れると小倉城から逃れ、入京したとある。さらに、吉成は建仁寺に入って自殺したと記されているが、これは誤りである。

なお、小倉城に籠城していた毛利家臣のうち、河村正兵衛、三宅次郎太夫、杉原平介、鷲《す》見《み》市郎左衛門、山本八郎左衛門らは黒田家に召し抱えられたと『関原軍記大成』は記している。

いずれにしても、豊臣大名としての豊前毛利氏はこの時点で滅亡し、主従は離散してしまったのであった。

勝永は間もなく吉成が身を寄せる加藤清正のもとへ身柄を移されたが、清正のもとには他にも立花宗茂の妻女や家臣たちが預けられていた。というのも、九州において東軍に属した大名は黒田家と加藤家ぐらいなものだった。そのため、徳川家康も自然、両家をあてにすることになったのだろう。

ただし、吉成・勝永の身柄が一所におさえられていたのか、父子が離れ離れに身柄を拘束されていたのか、さらにはその居所が上方であったのか肥後であったのかは明らかではない。

毛利氏が改易となった一方で、勝永と途中まで行動を共にしていた鍋島勝茂は、黒田長政を通じて家康に謝罪し、帰国後は、柳川の立花統虎、久留米の小早川秀包らを攻撃している。もともと鍋島家は、直茂が家康の下知に従うように、という方針を勝茂にも伝えており、上方で行動していた鍋島主従はこれを念頭に置いていた。その行動原理が、縁辺とはいえ、勝永ら毛利勢には伏せられていたのであろう。

さらに、国許にあった父吉成は、豊臣家奉行衆の指示に従って、加藤清正を説得するべく肥後へ下向しようとした。吉成の行動は、改易の格好の口実となった。

事態を静観することができた外様の鍋島氏とは対照的に、生粋の豊臣官僚であった毛利父子は、鍋島氏のように自家保全を優先する考えに乏しく、奉行衆の指示を忠実に遂行することが、豊臣家のためとする行動原理にとらわれていたのであろう。

毛利氏改易後の小倉

すでに書いたとおり、毛利吉成は豊前国のうち二郡を領していた。

毛利吉成・勝永父子が豊前を統治した期間は、十四年余に及ぶ。しかし、現在、小倉を中心とする地域に、毛利氏の遺蹟を見出すことは容易なことではない。

関ヶ原合戦で家康に従った黒田家は、長政が豊臣恩顧の諸大名の調略に活躍し、その功を認められて、一躍、筑前五十二万石の大大名となった。

毛利、黒田の両家が去った豊前国に入封したのが、細川氏である。

細川忠興は小倉城を居城に定めたが、毛利時代の縄張りをさらに拡張する。これによって、毛利時代の城下は大改造を遂げ、寺社の多くは移転を余儀なくされた。

伝豊臣秀吉像（本就寺蔵）
像主は豊臣秀次、あるいは毛利吉成か。

小倉の本就寺（北九州市小倉北区）は、吉成が菩提寺と定めた日蓮宗の寺院である。現在、寺がある場所は当時とは異なっているが、ここに寺宝として九州征討の際に秀吉が使用したと伝えられる太閤膳、および衣冠束帯姿の伝「秀吉像」が残されている。

同寺に伝わる伝「秀吉像」の像主については検討の余地がある。描かれた人物は他の秀吉肖像とは大きくかけはなれており、京都国立博物館の調査では豊臣秀次とする説が、また牛嶋英俊氏からは毛利吉成とする説が唱えられている（『太閤道伝説を歩く』）。さらに牛嶋氏は、太閤膳について、小倉城下にあったと推測する豊国社の宝物だったのではないかと指摘している。太閤膳にあしらわれているのは桐紋と沢瀉《おもだか》紋であるが、秀吉も称した木下氏の家紋が沢瀉であり、秀吉の甥秀次もこれを馬印に用いている。つまり沢瀉紋は秀吉とその一族が使用していたものであり、太閤膳の伝来に一定の信憑性《しんぴょうせい》を与えているといえよう。

同じく小倉の永照寺は吉成が潤色（修築）したといわれているが、豊前における毛利氏の足跡を辿ることは史料上の制約もあって非常に困難になっている。

毛利吉成に仕えた北川藤左衛門は、近江出身で、「豊前守護毛利壱岐守殿に仕へ、小倉町奉行」をつとめた人物であるという。関ヶ原合戦後、毛利父子の没落によって浪人となった。慶長七年（一六〇二）、柳川に入部した田中吉政に仕え、二百五十石を与えられた。藤左衛門は田中氏の改易後、田中吉興（吉政三男）が近江などで二万石を拝領すると、これに従って柳川を去り、近江へ移っている。

伝太閤膳（本就寺蔵）

このように、毛利氏の小倉時代を支えた家臣団は散り散りとなった。

山内家の事情

加藤家に身を寄せて間もなく、毛利父子に手をさしのべた者がある。関ヶ原合戦の戦功によって土佐一国を拝領した山内一豊であった。一豊は他の多くの大名同様に、大坂に証人として正室千代（見性院）を残し、会津上杉家征討のため東国へ下向していた。一豊の室千代は

山内一豊像
（土佐山内家宝物資料館蔵）

賢夫人として有名であるが、今度の一挙についても、豊臣家奉行衆からの密書を夫一豊のもとに転送し、使者には密書を開封せずに家康に届けるようにという夫への伝言を託した。一豊は、夫人の意見を採って家康へ密書を差し出し、その信任を得た。

一方、豊臣家奉行衆は、会津征討に従軍中の諸将が上方に残し置いた妻妾を人質として大坂城内へ集めるという挙に出た。細川忠興の夫人玉（ガラシャ）などはこれに抵抗して屋敷に火をかけて自裁した。この時、一豊の妻千代の身にも危機が迫ったが、ここで「諸事、壱岐守吉成息豊前守吉政、節を入れ」、勝永の扶助があったといわれている。山内家と毛利家とは大坂屋敷が隣同士であったため、こうした便宜を図ったものと考えられる。

山内家の史料『御家伝記』によれば、豊臣家奉行衆が、会津征討に東下した諸大名の妻子を証人として大坂城中に入れようと企図したところ、日頃昵懇《じっこん》の仲であった毛利吉成父子が一豊夫人に対して、「人質として城中へ取り籠める事態となっても、あらかじめその旨をお知らせいたしますので、お気遣いには及びません」と伝えたとある。

戦後、その懇志をもって一豊は毛利父子を預かりたいという旨を家康の周辺へ願い出ていた。

慶長六年九月二十三日付で、家康の老臣本多正信、および豊臣家の家老片桐且元《かつもと》らが連署して、これを許可する書状がもたらされた。

以上

御意として申入候、毛利壱岐守事其方へ御預成られ候条、御領内ニ置かせられべく候、御扶持方以下重而御詫得、申入べく候、恐恐謹言

慶長六　九月二十三日

西尾隠岐守吉次
津田小平二秀政
片桐市正且元
本多佐渡守正信

山内対馬守殿人々御中

（「御手許文書」『山内家史料』）

この間のいきさつについては、寛永十年（一六三三）七月五日付で酒井阿波守宛に出された

山内忠義書状には、「毛利壱岐守・同豊前儀、慶長五年に石田治部少輔逆意の砌、前土佐守（一豊）にお預け成され候事」と簡潔に記すのみである。

福本日南が著した『大阪城の七将星』には、関ヶ原合戦後、父子はいったん建仁寺に入って、沙汰を待ったとある。同書では、そのまま配流先の土佐へ送還されたように書かれているが、実際に山内家から申し入れがあったのは関ヶ原合戦から一年経った頃である。山内家の新領国土佐への入国は少し遅れた。長宗我部遺臣による浦戸一揆が勃発した影響もあって、一豊自身が入国したのが慶長六年（一六〇一）の正月であった。それゆえ、領国仕置などを済ませることが焦眉《しょうび》の急であり、毛利父子の預かりを申し出たのは領国経営が落ち着いてからのことであったろう。その間、毛利父子が一年にわたって在京していたのか、あるいは加藤清正の領国へ送られていたのかは不明である。家康にしても、処分保留のまま、建仁寺に留め置いたということは考えにくい。おそらく、山内家からの申し入れがあって、それが諒承されたのを受けて、肥後か上方において加藤清正のもとに預けられていた毛利父子が、京都へ召喚され、山内家の領内へ移送されたのであろう。

土佐における毛利父子

山内家に身柄を移した毛利父子のうち、父一斎（吉成）は大高坂城西郭に住まわされていた。山内一豊は、長宗我部氏時代の浦戸を捨て、大高坂城（高知城）を普請してこれに移った。一斎は一豊に登用されて、城の普請にも携わったという。一斎はかつて秀吉が伏見城を築いた時の普請奉行をつとめていたから、その経験を買われたものであろう。

山内家が土佐へ入部するにあたっては、前領主長宗我部氏の旧臣たちが抵抗の構えを見せた。そのため、土佐に入った山内一豊は用心のため、城普請の現場に出る際には、五人の家臣たちに自身と同じ装束を身につけさせて、随行させた。この一行は、一豊を含めて「六人衆」と呼ばれた。それほど用心していた一豊も、毛利一斎については、公儀預かり人であるにもかかわらず、側近くに置いていた。

もっとも、一斎のみが特別扱いだったわけではない。築城奉行として一豊に仕えた百々《どど》綱家も、もとは岐阜城主織田秀信の家臣で、関ヶ原合戦後は主家改易にともない、京都に蟄居《ちっきょ》していた。それを一豊が家康に願い出て七千石で召し抱えたのであ

かつて大高坂城と呼ばれていた高知城

る。百々は築城術に長けており、高知城、江戸城の築城・修復にあたっている。山内家ではそれほど城のスペシャリストを欲していた、ということであろう。

『築城記』には、浦戸から大高坂へ普請現場の巡検に向かう山内一豊の御供之衆六名のひとりとして、鳥飼覚兵衛長正の名があがっている。鳥飼ははじめ左助と称し、毛利勝永の家臣であったが、主家没落後、山内家へ出仕し、六百石を給された。「武辺場数覚えの者」と評価され、一豊の命によって覚兵衛と名を改めていた。

一方、勝永のほうは高知城の北部に位置する久万《くま》村に差し置かれていた。『南路志』によれば、もとは安楽寺があったところで、一説には久万古城とも呼ばれていたという。金性院の南側に位置し、かつての安楽寺の跡には天神社が祀られていた。

「豊前守殿は御預人なれども、余り稠敷《きびしく》禁固せられたるもなかりしと也。折々ハ登城もせられける」とあり、関ヶ原敗将の罪人というよりも、客分のような扱いであった。このあたり、関ヶ原合戦の勝ち組でありながら、主家を退転して奉公構にされた後藤基次や、浅野家の監視下に置かれてしばしば国許へ無心をしていた真田昌幸・信繁父子に比べて、恵まれた環境にあったといえるかもしれない。

勝永の弟権兵衛吉近は山内姓を賜り、二千石をもって仕えていた。山内一豊が大高坂築城までの間、浦戸への証人提出を家中に求めたが、この時、吉近も家士毛利貞左衛門、津原三右衛門の両名を差し出している。

慶長八年（一六〇三）八月二十一日、山内一豊は浦戸城から新城に移った。この日、本丸において酒宴が催され、一豊・康豊兄弟に相伴したのは、織田伊勢守信安、毛利一斎吉成、百々越前綱家、同出雲直安のみであった。実は座敷が狭く、家老衆以下は二の郭において別に祝いの席を設けていたのである。本丸の相伴衆に列した織田信安はもと尾張国岩倉城主で、山内家の旧主筋にあたる。没落後に一豊を頼って土佐に身を寄せていたのである。また、百々越前・出雲の父子は岐阜前城主織田秀信の旧臣で、関ヶ原合戦以後、山内家に仕えた。今回の築城の功労者である。彼らと同列で扱われる一斎は山内家にとって特別な存在であったといえよう。なお、二の郭の酒席には、一斎の次男権兵衛吉近も連なっていた。

このように、毛利一斎吉成、山内権兵衛吉近、鳥飼覚兵衛長正など毛利主従はそれぞれの地位を与えられていた。このうち、勝永の弟といわれる権兵衛吉近は慶長十八年頃、土佐を去った。一説には、紀州浅野家に仕官したとも伝わっているが、吉近は毛利も山内の姓も用いず、長野を称していた。息子の内蔵允《くらのじょう》の代になって嗣子がなく断絶したという（「慶長十五年後二月十八日尾州名護屋御普請御家中人役帳」）。

それにしても、土佐山内家における毛利家に与えられた厚遇は特別なものであるが、ただひとり、勝永のみが影が薄い。彼は父や弟とは異なり、高知城から離れた久万に住居を与えられていたが、折々に登城することはあっても、公的な場に出てくることはほとんどなかった。関ヶ原合戦に出陣したという罪によるものかもしれないし、あるいは、後に大坂入城を敢行したことが影響して、山内家側の史料から客分とも思われる待遇に関する叙述については、意図的に抹消された可能性もある。『武家事記』には山内家から百人扶持を与えられていたと記しているが、同書の記述には、吉成が建仁寺において自殺したと記すなど事実誤認があり、百人扶持というのも実際は父吉成に給されていたものであるかもしれない。ただ同書には、勝永は家人六、七十人を扶持しており、関船一艘《いっそう》を所有していたとある。また、勝永は折々、大坂へ船を出して茶器などを購《あがな》っていたとも記されている。後述するように、豊臣家との連絡もこれによって可能ならしめていた。

山内忠義と勝永

後に土佐を脱出するにあたって、勝永は国許の留守居を任されていた山内康豊に言う。

「忠義様と自分とは衆道の関係にある」

その真偽は措《お》くとして、このような類の事柄を、史料上から抽出しようとするのは、甚だ困難である。もともと記録を残さなければならないような事項ではないが、ただ、史料上から当事者たちの気持ちや当時の情勢をうかがうぐらいは赦《ゆる》されよう。

山内忠義と勝永の間に交わされた書簡のうち、今に伝わっているのは次の一通のみである。

恐れながら一書申し上げ候、駿河よりなし下され候御書忝うてうたい仕り候、御仕合せ能く大御所様御目見え成され江戸へ御座成され候儀、御大儀共中々申し上げべき様御座なく候、御仕合せ能く御仕舞い成られ候て早々御下国待ち奉り候、爰元御普請大方出来仕り候、御番など油断なき態ニ候、将又夜前そうち□火事参り候て家残らず焼け申し候、風よくして類火御座なく候、御屋敷又一斎などへも近く候て、迷惑仕り候へ共苦しからず候、変わる儀少しも御座なく候、御気遣い成され間敷候、恐惶（謹欠か）言

豊前　書判

進上　対州様

（『皆山集』）

日付がないが、それがかえって両者の親密性を想起させる。また、「対州様」とあり忠義個人への返信とみて差し支えなかろう。近習による披露などはなく、この点でも勝永と忠義の懸隔のない間柄がうかがえる。しかも、勝永は忠義からの書状を受け取り、「忝うてうたい

仕り候」と悦《よろこ》びを記している。

また、勝永自身が「一斎」すなわち実父の毛利吉成について言及している。話題にのぼっている城下の火事は一斎の隠居所にも近かったようだ。「先年高知御下屋敷と申すは西大門の南堀端にこれ有りと云う。此所は公儀預人等も差し置かれ候由」（『仙石久通雑記』）とある。一斎こと毛利吉成は慶長十六年（一六一一）五月七日に病死するため、それ以前のものであることは確かである。

山内忠義は、家督相続した翌年の慶長十一年正月に、江戸へ出府して将軍秀忠に謁見している。この時は、山内家はじめ十五の大名家に江戸城修築助役の下命があった。忠義は自ら江戸へ出て現場指揮にあたり、五月七日には家康より御内書と羽織を下賜されている（『忠義公紀』）。慶長十三年にも駿府普請の手伝いを命じられているが、この時は忠義自身の下向は無用と徳川家から達せられている。

続いて、慶長十五年三月一日、忠義は将軍家より松平姓と偏諱を受けている。さらに、同年九月二十八日には、土佐守を称することが許されている。このため、前述の勝永書状の宛名に「対州様（対馬守様）」とあることから、書状はこの時以前のものと考えてよいだろう。

「大御所様御目見え成され江戸へ御座成され候」という記述から、勝永の書状は、慶長十一年か、慶長十五年のどちらかということになるであろう。慶長十五年三月に、忠義は松平姓と偏諱を与えられるが、「土佐守」を与えられるのは約半年後の九月である。その間に勝永が「対州様」と宛名した書状をしたためてもおかしくはない。加えて、忠義の書状には「駿河よりなし下され候」とあり、家康が駿府に移るのは慶長十二年なので、勝永の書状は慶長十五年のものと考えてよかろう。

土佐御前安姫の死

慶長十二年（一六〇七）九月六日には、龍造寺高房が江戸で横死した。享年二十二歳の短い生涯であった。その翌月の十月二日には、政家が息子の後を追うようにして亡くなった。享年五十二歳である。

先にも述べたように、勝永の正室安姫は政家の娘であったから、勝永にとって政家は舅《しゅうと》であった。これをもって、鎌倉以来の龍造寺氏はその本流が断絶することとなった。

政家の娘安姫は、関ヶ原合戦後、毛利父子が山内家に預けられてから、やや遅れて慶長九年頃に土佐に赴いたようであるが、慶長十五年五月二十五日に亡くなったとされている。寛永十年（一六三三）、山内家から幕閣の酒井阿波守へ提出された書状には、「豊前守女共ハ慶長十五年ニ土佐国ニて相果申事」と記されている。

勝永の正室・安姫の墓（高傳寺）

この時の勝永の年齢が三十三歳であるから、彼女の年齢も三十になるかならないか、といったところであろう。いずれにしても早すぎる死であった。両者の間には男子二名（式部勝家、太郎兵衛）があったと考えられる。

肥前鍋島家では、安姫は「土佐の御前」と称され、また『葉隠』にも「土佐の御寮人」などと出るため、土佐国との関係性があったとみられることから、関ヶ原合戦後は夫勝永のもとへ引き移っていたと考えてよかろう。

なお、『南路志』では、慶長十五年五月二十五日に亡くなったのは、壱岐守吉成室、つまり勝永の母であることになっている。肥前国太守龍造寺宗政息女で、鍋島直茂と毛利吉成とは相婿の関係にあるという。慶長六年に肥後から土佐へ引き移ってきた時、内室は鍋島家に残してきた。しかし、慶長九年になって土佐へ迎えとった。この時から、鍋島家と山内家は昵懇の間柄となったという。ただし、龍造寺宗政なる人物は史料上、確認することができない。おそらく、龍造寺政家の息女を勝永が娶《めと》ったことが誤って伝わり、右のような話が派生したものと思われる。

これとは別に、佐賀県佐賀市にある高傳寺には、安姫の墓があり、墓碑には次のように刻まれている。

（表）　毛利豊前守豊臣朝臣吉政室
　　　龍造寺氏藤原朝臣安子慶長
　　　　十五年庚戌五月廿五日卒

（裏）　藤原政家朝臣嫡女毛利
　　衰廃之後寓于佐嘉

安姫は「毛利衰廃之後」、つまり関ヶ原合戦において毛利家が衰退した後に、佐賀へ戻ったという内容が刻まれている。

佐賀の高傳寺は、明治四年になって、十一代鍋島直大《なおひろ》によって、龍造寺・鍋島両家の墓所が集められて、再建された。

高傳寺にある両家の墓塔には、没年月日や法名が刻まれているものもあるが、安姫の墓石には、梵字《ぼんじ》のほか、刻印は確認できず、法名も伝わっていないようである。したがって、同寺過去帳に記載されている法名のどれが該当するのかもわからない。

安姫が勝永に先立ったことは諸記録にあるが、果たしてその終焉《しゅうえん》の地が、土佐であったのか、佐賀であったのか、明らかではない。

ただ、佐賀にあっては、毛利家へ嫁いだ姫「土佐の御寮人」の存在が、後世になるまで記憶されていて、このようなかたちで供養されているということに、いささかの驚きと安堵をおぼえるのである。

大野修理からの情報

勝永の日常は、さほど厳しい監視の下に置かれていたわけではなかった。鷹狩りを行う自由も許されていたようだ。また、父吉成の影響を受けて、勝永自身も茶の湯を嗜《たしな》んでおり、茶器購入のために家臣窪田甚三郎（宮田甚之丞か）を大坂へ遣わしていたという。この窪田甚三郎は大野治長の従兄弟であったというが、実際に従兄弟だったのは、宮田甚之丞である。宮田は、主人に言いつけられてただ茶器を購うために上坂したものではあるまい。福本日南は『大阪城の七将星』において、「一つには之を用ゐて、時々秀頼の御機嫌を窺はせ、二つには之を遣つて、上国の形勢を探らせ居たのである」と記している。

ここに勝永に宛てた大野治長の書状写しがある。

一身元様体御こゝろ元なく思し召し候て、左馬御上せなされ詳しく承り候、身元も変わる事御座なく候
一大御所殿去る月十七日ニ京へ御着きなされ候
一秀頼殿去る月廿七日大坂お出でなされ御舟ニて御上り淀にて夜を御明かしなされ、廿八日四ツ時分ニ京の御城へ御成なされ候て、大御所様御対面なされて大御所殿一段と御機嫌好く三献の御祝にて御座候
一秀頼殿へ御腰物大左文字・御脇差友人とおしと申すますむね(正宗か)・御鷹三もと・御馬十疋参らせられ候
一大御所殿・秀頼殿より金子三百枚、御腰物なんせんと申す一文字・御脇差左文字・御馬一疋・緞子金襴三十巻・猩々緋三枚・赤き黒き浅葱十五疋参らせ候つる。秀頼殿御城よりすぐに大仏御覧成されそれより豊国様へ御社参なされ、すぐに伏見へ御成なされ、加肥屋敷前より御舟ニ召し候、すなわち加肥御さんの明け申され候、廿八日の夜半時分ニ大坂へ御下着なされ候
一当月二日よりも常陸殿右兵衛殿大坂へ御下りなされ、これも京を二日ニおいて夜舟にて御下、三日の朝、大坂の御城へ御成なされ候。大御所殿より秀頼殿へ白金千枚、御両人殿より白金二百枚ずつ御馬代ニその外御馬参らせられ候、いろいろ御みやげ

様々の事ニて御座候、これも御機嫌好く御座候。三日ニそのまま御上りなされ候。詳しく左馬介語り申すべく詳しく後より申し上げべく候間、早々申候。此方御上りの事、御無用と存じ候。尚詳しく申すべく候

一　一斎へも此由よくよく御申し候て下されべく候。わざと文をば進ぜず候。よくよく頼み申し候。恐惶謹言

四月十日　　花押

大修り大坂より

毛豊殿

御報

（『皆山集』）

勝永は左馬介という家来を上坂させ、大野治長と連絡をとっていたことがわかる。

なお、『皆山集』所収の大野修理書状は、かつて高知城下にあった藤並神社に旧蔵されていた山内家の文書の中に含まれていたという。神社は、明治四十三年に焼けてしまったが、調査のため文箱ごと他所《よそ》へ移されていたために難を免れた。文箱の表には、山内一豊、見性院、山内忠義に関する御書が収められている旨の箱書があり、目録には、「大野修理亮ヨリ毛利

豊前守宛書翰壱通」と記されていた。『皆山集』に載せられていた文書の原本が見出されたわけである。文書は現在、土佐山内家宝物資料館の所蔵となっている（藤田雅子「大坂の陣と土佐藩」報告およびスライド）。

年次については、内容から慶長十六年と特定できる。文中には一斎（壱岐守吉成）のことにもふれられているため、彼がかろうじて存命中（この年の五月に死去）であるということ、徳川家康が三月十七日に京都に入ったこと、豊臣秀頼が三月二十七日、水路を使って大坂城から京都へのぼったことが記されており、まさに家康・秀頼の二条城会見の様子を知らせた内容となっているのだ。

秀頼は、淀城で一泊、翌二十八日に京都へ入って、京の御城（二条城）において家康と対面した。これは、前日二十七日に後陽成天皇から政仁親王（後水尾天皇）への譲位があり、家康としては新たな天皇即位に絡めて、是が非でも秀頼を大坂城から引っ張りだすことを目指していたのであろう。大野治長の書状は互いの贈答品の内容にも及び、対面の様子を微に入り細に入り記している。会見を終えた秀頼は、方広寺大仏殿、豊国神社へ参詣し、伏見城へ入った。秀頼は随従してきた加藤清正の屋敷の前からふたたび舟に乗って、大坂へ戻った。

勝永は、大野治長の書状を読み、大坂へ使者として遣わした左馬介に、あれこれと秀頼の様子などをたずねたことであろう。さらに、病床の父へ家康・秀頼の二条城会見について語り聞かせたと思われる。そもそも勝永は上方へ赴く意思を大野治長に知らせていたらしい。しかし、大野によって、「此方御上りの事、御無用」と止められている。

また、大野治長は「一斎へも此由よくよく御申し候て下されべく候」と記している。当初、大野は一斎すなわち吉成に対しても書状をしたためようとしていた。しかし、「わざと文をば進ぜず候」と言い訳をし、勝永から吉成へ言伝を頼む旨を記している。

吉成の死

勝永の父一斎こと壱岐守吉成が息を引き取ったのは、慶長十六年（一六一一）五月七日のことであった。法名は白雲院殿好雪神祇。享年は一説に六十歳。前記の大野修理が「勝永から一斎へよろしく伝えてほしい」と記した書状の内容を、果たして吉成は目にするか聞かされるかして知ることができたのであろうか。

その遺骸は小高坂山で荼毘《だび》に付され、尾戸山に葬られた。墓石の大きさは九尺四方で、山内忠義がこれを建立した。墓所ははじめ江ノ口尾戸山法華宗喜円坊にあったが、後に勝永が住まう久万村へ移された。もとの葬地である喜円坊の跡地はさだかではない。喜円坊は山内氏の手によって破却されたという。毛利壱岐守吉成の墓はその後、長らく所在が不明となっていたが、昭和八年に毛利氏後裔《こうえい》の森正倫氏によって高知市秦山墓地で発見された。ここには、毛利旧臣杉氏の墓所があり、吉成のものも同墓地内にある。杉五郎兵衛重俊は、関ヶ原合戦後は藤堂高虎に仕えていたが、吉成・勝永父子が土佐へ預かりとなったことを知ると、藤堂家を致仕して、土佐へ渡った。

旧主を慕って土佐へやって来た杉五郎兵衛のために、吉成は山内家へ仕官がかなうよう働きかけた。その縁で、

毛利吉成の墓（高知市）

後年、杉家の墓域に吉成の墓を移したものであろう。その正面には南無妙法蓮華経の名号に続いて、かろうじて「白雲院殿好雪神祇」の文字が読み取れる。

毛利吉成墓の横には、発見者の森正倫氏によって建てられた石塔があり、その碑文には次のように刻まれている。

（表）

白雲院殿好雪　神祇

森毛利　壱岐守吉成公　勝信トモ言ウ

一斎　又ハ　一夢ト号ス　茶人ナリ
豊前小倉十五萬石　城主　関ヶ原合戦後　土佐藩
山内家預人、慶長十一年五月七日　高知城二之丸
ニテ　没ス
家紋ハ鶴丸、丸ニ剣梅鉢、丸ニ剣鏡、丸ニ剣片喰
丸ニ大字、釘貫違也
（裏）
二代　豊前守勝永公　亀助
長門守式部少輔勝家公新左衛門　正久
河内守道永公　正直
内蔵之助　正輝
関元　正孝
重秋　正倫
吉之丞　一康
孫惣　義隆
重兵衛

第六章　大坂入城

東西手切れ

古来、「天下分け目」のフレーズと不可分であった関ヶ原合戦であるが、徳川家康がその争いに勝利することによって一気に徳川政権が誕生したわけではないことは、今や多くの研究者、史家が指摘している。家康は「天下殿」と呼称されるようになったが、それはあくまでも豊臣家第一の大老としての身分に過ぎなかった。しかしながら、関ヶ原合戦後間もない頃から豊臣氏滅亡までの政体のあり方は、多くの研究者を悩ませてもいる。江戸の将軍家を頂点とする公儀と、大坂の豊臣氏を頂点とする公儀が併存している「二重公儀体制」という考え方も提示されている。また、この間、慶長八年(一六〇三)に家康は征夷大将軍に補任されたが、果たしてこれを江戸幕府開創としていいのかどうかにも議論がある。

一方、諸大名の中には、年頭の挨拶のため、大坂城の秀頼のもとへ伺候する動きも見られた。五大老のひとりであった上杉景勝は、年頭の挨拶として大坂城へ伺候している記録が、慶長十年頃まで確認できる。

互いに微妙な距離を置き出した豊臣・徳川両家の関係に変化があらわれたのが、慶長十六年の秀頼・家康二条城会見であった。前章で述べたように、勝永はその様子を大野治長から書簡によって知らされていた。

一説に、この時、家康は秀頼の器量を見て、豊臣家を滅ぼす決意を固めたともいわれている。しかし、具体的な処断まで家康は決めていなかったのではないか。むしろ、秀頼をこのまま大坂城の主としておくのはまずいと考え、秀頼の身柄を大坂から切り離すことを検討していたと考えられる。

そして、それらの諸条件をつきつけるには、ふさわしい名分を得て、いったん大坂城を武力をもって囲み、威力外交で相手を屈服させる以外にないと家康は考えていた。

その機会を、大坂方は迂闊《うかつ》にも与えてしまったといえる。

梵鐘の銘文が問題視された方広寺の鐘

いわゆる「方広寺鐘銘事件」である。慶長十九年四月、方広寺大仏殿の再建にあたって、梵鐘《ぼんしょう》の銘文が問題視されたのである。

その銘文にある「君臣豊楽」は豊臣を君として楽しみ、「国家安康」は家康の名を断ち切って呪詛《じゅそ》するものであるという「言いがかり」がつけられた。

ただちに豊臣家家老片桐且元が駿府へ下り弁明せんとしたが、老獪《ろうかい》な家康は且元を翻弄した上に恫喝した。その結果、且元は徳川方の意向を揣摩《しま》憶測し、「秀頼が大坂城から他所へ移る」「秀頼の生母淀殿が江戸へ証人として下る」「新規召抱えの浪人衆を召し放つ」という三箇条を家康の意思であるとして、秀頼・淀殿に示したのである。

一方、且元とは別に淀殿が使者として遣わした大蔵卿局（大野治長母。淀殿乳人《めのと》）、正栄尼（渡辺紀《ただす》母）は、家康の歓待を受けて帰坂した。

大坂城へ戻って復命した且元は、徳川家への内通を疑われ、ついに大坂城を退去するに至った。

方広寺梵鐘の銘を撰《せん》したのは、南禅寺の長老文英清韓である。清韓は豊臣・徳川両家の共栄を願って、殊更に雅文に仕立てようとした。「国家安康と申し候は、御名乗りの字をかくし題にいれ、縁語をとりて申す也」と清韓が弁明したということが指摘されている。

しかし、銘文の中に特定の人物の名を入れるにあたっては、より慎重さが求められて然るべきであった。呪詛と疑われてもいたし方なく、清韓が、というよりは豊臣家の側にワキの甘さがあったとしか言いようがない。

問題の銘文を撰した清韓も南禅寺から追放され、大坂城へ籠ることになる。

豊臣家からの使者

勝永が土佐に配されてから、十三年が経とうとしていた。父吉成の死と前後して、妻安姫も亡くなり、弟の権兵衛吉近は前年、「百姓に対し不埒の儀」があったということで、知行二千石を召し上げられ、「他国御暇」の処分が下されていた。

山内一豊は毛利父子に対して手厚い庇護を加えていた。しかし、吉成と勝永が土佐へ迎えられてから、わずか四年後の慶長十年に一豊は没していた。六十一歳であった。一豊の妻見性院はまだ健在であったが、土佐を離れ、京都に隠棲していた。

一豊には男子がなく、弟康豊の子忠義を養子に迎えてこれを継嗣としていた。見性院は自ら土佐を退き、夫亡き後の山内家と距離をとったとみられる。

一方、忠義の代になっても、山内家の毛利父子に対する待遇は変わらなかった。そして、吉成亡き後も勝永は変わらず久万の一隅において平穏な日常を送っていたのである。

ただし、勝永は大坂城の大野治長とは連絡を取り、かねてから上方での動向については情報収集を怠《おこた》ってはいなかった。

話はやや後年のことになる。

山内家の家老深尾氏が江戸へ出府した折、家里某という目医者が来訪した。その者は次のように語る。

――拙者は元来、家里伊賀守と申し、秀頼公にお仕えして大坂に籠城した者です。大坂の陣の前に秀頼公の御使いとして、土佐へ罷り下り、毛利豊前守殿の配所へ参りました。その折は、豊前小倉の町人と偽って、配所へ伺いました。豊前守殿には、御在所小倉の町人でございます、ご機嫌伺いに参上しましたと案内を乞いますと、豊前守殿は会うということでした。屋敷へあがると、現れた豊前守殿は、拙者を見てこう申されました。

「その方は何者か。わしには覚えがないが」

「わたくしめは八百屋でございます。常々、御台所へ野菜をお届けに上がった者でございます。親から殿様のご機嫌伺いをするようにと申しつかりましたので、参上した次第でございます」

「なるほど見たような気もする」

そう言って、豊前守殿が見張り番の武士に事情を説明したところ、町人ならば苦しからずということで、その晩は御屋敷に拙者を泊める許可を取られました。

その後、誰もいなくなったところで、豊前守殿はあらためて拙者に、

「その方は誰か。われらはまったく知らぬ」

と申されました。拙者ははじめて家里伊賀守と名乗り、自分は、秀頼公の御使にて参ったこ

とを明かしました。

「秀頼公は近々、大坂御籠城なさる心づもりにて、豊前守殿にぜひともお味方願いたい」という口上を述べました。そして、秀頼公の御書を差し上げました。豊前守殿は、おしいただいて目を通した後、

「御書を頂戴し、畏れ入っております」

と申され、秀頼公に御味方することを御請けなされました。翌朝、拙者が辞去する際、町人に対するような扱いで「路銀にいたせ」と文箱の内からこま銀を手に一杯すくってくだされました。それから拙者は大坂へ立ち戻り、籠城いたしました。

落城後は身の置きどころもなく、あるいは寺へ参って堂の縁の下にて十日ばかりも潜み隠れて餅などを食べて露命を繋いで参りました。そのうちに町人となって水汲みなどをやりながら生活をしておりました。

しかし、今一度、武士として運を開き本望を達したいと願ううちに、大坂浪人であっても一芸ある者はお助けくださるというお触れが出ました。拙者は家里の家伝である眼病治療をいたすことを申し立てました。

家里の証言を次の間で聞いていた深尾の家臣伊与木某はこれを書き留め、後に『詒謀記事』

に収めた。

これによれば、大坂冬の陣前夜、豊臣家から使者として家里伊賀守が土佐に潜行し、勝永の配所へやって来たことになっている。大坂城からの使者が土佐へやって来たことについては、『志和氏由来記』にも出ている。

毛利勝永、その雌伏《しふく》の時に終わりが近づいていた。

勝永、妻に励まされる逸話

土佐はもとは戦国の雄・長宗我部氏の領国であった。関ヶ原合戦で改易された長宗我部盛親はこの頃、京都で放ち囚人の境涯にあったが、京都所司代板倉勝重の監視の網を潜《くぐ》り抜けて、大坂へ入城してしまっている。彼の下には旧臣たちが続々と集まってきていたが、その過半は土佐からやって来ていた。

このため、山内家は、大坂夏の陣直後、幕閣に対して「大坂江籠城仕候覚」を差し出し、山内家中や長宗我部浪人らの名前を書き連ね、さらに「この他にも各支城を預けた者の与力のうちに籠城した者がいるかもしれない」と弁明する有様で、ただちに国許に調べさせ、わかり次第、言上するとしたためている。

勝永には子供が三人あったという。嫡男式部勝家、次男太郎兵衛、ほかに「げしゃく腹」の一女があった。勝永の居所には、この娘の母も同居していた。「げしゃく」とは「外戚」（母方の親戚）のことであろうか。「妾腹の娘」としている史料もあり、上の男子二人とは母を異にしていたのは確かなようである。

勝永が豊臣家の召しに応じて大坂へ赴く時の逸話がある。これには、勝永の妻が大きな役割を果たしている。

勝永は、妻に向かって言った。

「我、武名を伝えて数世に及ぶが、このような境遇で朽ち果てていくことは口惜しい。わが一命を秀頼公に捧げ奉りたいと思えども、わしがここをひそかに抜け出したならば、御身の上が追及されよう」

話を聞いていた妻は、打ち笑い、夫を励ました。

「弓箭を取る家の妻となった上は、なんでそのようなことをおそれましょうか。はや暁のうちに船に乗って武名を潔いものにしてください。この家にとってこの上ない喜びであります。妾《わらわ》がことなど御気にかけなさいますな。いざという時には、この嶋の波に沈みましょう。さすれば、運命めでたくやがてお逢いすることもかないましょう」

勝永は、妻の覚悟を聞いて、意を決し、小舟に乗って土佐を脱出したという。

後に、山内家よりこのことを聞いた徳川家康は、
「勇士たる者の志感賞すべき事なり。豊前が妻罪する事有るべからず」
と、懇《ねんご》ろに命じた。そこで、山内家は勝永の妻を自由の身としたため、彼女も夫の後を追って大坂城に入ったという（『常山紀談』）。

この逸話は、江戸時代にひろまったと考えられているが、戦国時代には、妻妾の言によって大名たる男性が奮いたたされる、という型の逸話が少なからず流布していた。勝永の妻の振る舞いは、武士の妻の手本ともされていたようで、かつては山内一豊の妻と同じくらい著名であったらしい。近代に入ると、勝永の妻は銃後の守りの手本として、『婦女鑑』（明治二十年）など諸本に取り上げられている。

しかし、勝永の正室は大坂の陣が勃発する以前の慶長十五年に亡くなっている。後には、一女をもうけた「げしゃく」の女性しかいない。モデルを求めるとすれば、彼女ということになろうか。

大坂攻めの陣触れ

大坂攻めの陣触れがあったのが慶長十九年（一六一四）冬のことであった。山内忠義は、こ

れに応じて江戸から出陣する。忠義は実父康豊を国許留守居として残したが、その際、毛利勝永を監視するよう念を押した。やがて、勝永は康豊に会いにやって来た。勝永は、自分がまだ家督を相続する以前の忠義と衆道の誓書を取り交わし、どちらかの身の上に大事がおこった場合は互いに身命を賭してこれを助け合おうと誓った、と告げた。忠義が国主となった今でも、その気持ちに変わりはなく、自分の息子を人質として差し出すので、忠義の後を追いかけ、その先鋒をうけたまわりたいと語った。

この時、勝永が差し出したのが、嫡男式部勝家、次男太郎兵衛の二名である。康豊はその顚末に驚いたが、二子までも人質として差し出すのは、殊勝の心がけ、と勝永の望みを許す決断を下した。

十月十八日、康豊は忠義に対して、勝永の件を伝えている。

「豊前守が参って、今度上方へ罷り登りたき由を懇望したが、その方の存分があるだろうと思い、引き留めていた。しかし、毎日のようにやって来ては、ぜひともその方の側にいたいと主張した。そこで、こちらで和泉守らと協議した結果、豊前守の二人の息子を証人にとり、後からそちらへ罷り登らせるように計らった。そのような状況であることを承知しておいてほしい」

一方で、『志和氏由来記』は、山内康豊が承知の上でひそかに勝永を大坂へ送り出したとする説をあげている。勝永は、土佐を立ち退く前に康豊のもとへ微行し、人払いをさせた上で長いこと密談をこらしていたが、互いに落涙して別れたという。「子細有て内々御談合の上にて立退れけるものならん」と同書は記している。やがて、勝永は山田四郎兵衛という者を康豊のもとへ使者として遣わし、杉長持を預けた。山田は「もしそれがしが流れ矢にでもあたり、相果てた時には、この長持を二人の子供のもとへお遣わしください」という勝永の言葉を康豊に言上した。

この長持については、大坂落城後、中身が改められた。山内家の記録には、「銀三貫目余、歌書、そのほかムザとしたる物小道具」が入っていたとある。その中に刀と脇差が一腰含まれていた。これらは山内忠義から幕府へ提出されている。

当時、当主山内忠義は江戸に居り、忠義の実父康豊が国許の留守を預かっていた。したがって、忠義と勝永の別れの場面は成立し難い。合意であったか勝永の詐称であったか定かではないが、勝永の懇望に対したのは、忠義の実父康豊であったろう。

ついに陣触れがなされ、十月十一日、家康は駿府を発した。

江戸城普請のため関東にあった山内忠義は、家康の大坂攻めの触れを請けて、十月五日に江戸を発した。一方、国許にあった忠義の実父康豊は、忠義と連絡を取りつつ、兵の準備を整えていた。

十月十二日、家康の本隊は掛川に達した。そこに京都所司代板倉勝重からの飛脚が到来した。それには、去る六・七日両日のうちに長宗我部盛親、後藤基次、仙石宗也、明石全登、松浦弥左衛門ら千余人が、大坂城に入城したとあった。さらに、十四日、浜松に至ると、真田信繁が大坂に籠城したという続報が届いていた（『駿府記』）。

勝永はまだ大坂へ至っていない。

十月二十三日付の山内修理忠豊（康豊）が山内忠義に宛てた書状には、「豊州事、書中之通何も心得存候。是又口上ニ申含候。惣別之儀ニ付而、此使之者ニも起請を書せ、他言無之様申聞候事」という一条がある。

「豊州」とは、勝永の官である豊前守のことであろう。康豊は、勝永について書中には詳しいことは記さず、使者に口上をもって伝えさせている。寄せ手としての参加ではあるが、勝永は表向き、公儀からの「預かり人」である。江戸へ向かう使者に対しても起請文を書かせ、他言しないよう申し聞かせている周到さであった。この時点まで、山内家では勝永が忠義の出陣に合流するとばかり思っていたのである。

土佐脱出

久万村に住する川田惣右衛門という者が、勝永の屋敷を訪ねると、勝永は「御装束太布の立付ニ太布の羽織にて御陣立之御様子、跡より御具足櫃其外武器御持セ引馬ニて御旅立と相見へ候」という様子だった。川田は「いかやう成事ニ御座候哉」と問い質すと、勝永は「我等事故有て立退候」と告げ、息子の式部勝家に家臣の志和又之丞を付けて残していくから、時折様子を見てほしい、と依頼した。「御迎ひの船今の楠の下迄船着候よし、直ニ船ニめし浦戸の如く御上り成られしと也」と、川田は勝永の出立を見届けている（『志和氏由来記』）。

高知城の北には愛宕《あたご》神社が鎮座する愛宕山がある。その「南のはな」を津野崎と称し、入海となっていた（『詒謀記事』）。

勝永は、かねてから八端帆の船を所有していた。現在の愛宕神社のあたりまで入り込んでいた入海から船を出し、津野崎川を下り、途中、宮田甚之丞、志和又之丞らの手引きによって配所を脱け出した式部勝家らと合流、夜半に浦戸より出港した。翌朝、山内康豊はお見舞いと称して使者を久万へ走ら

勝永が蟄居していた久万川付近（高知市）
勝永はここから土佐を脱出して大坂城へ向かった

せた。勝永の屋敷は静かであったが、普段から毛利屋敷は人なきが如く静まりかえっていたので、番人も不審には思っていなかった。ところが、屋敷には勝永の姿が見えないばかりか、証人となっていた息子の式部勝家の姿も消え失せていた。

土佐を発った勝永の乗船は、紀伊水道を北上して、紀伊と和泉の境に近い谷川の湊《みなと》を経て、大坂をめざした。

ようやく勝永の真意が大坂入城にあると覚《さと》った山内康豊は、家中に命じて船で後を追わせたが、泉州谷川の湊に入ったところ、一艘の船が大坂の方へ向かったことをつきとめた。

この谷川湊（泉南郡岬町）は、秀吉ゆかりの土地でもあった。文禄の役がはじまり、秀吉の御座船が大坂を出港したところ、強い向かい風に阻まれ、これを避けるために谷川湊へ入った。折しも、地元の宝珠山理智院の本尊「追風不動」のことを聞き伝えた秀吉が、さっそく住職に祈祷をさせたところ、たちまち風波がおさまった。秀吉は、御礼として秀吉自身の木像をつくらせ、これを奉納した。一尺二寸余の木像には、秀吉自身の髭《ひげ》が植え付けられているといわれる。同寺の本堂は、慶長十年に秀吉に仕えた桑山重

勝永が寄港した谷川湊・理智院の秀吉木像（理智院蔵）

晴が再興させたもので、同寺には、秀頼八歳の時の書「豊国大明神」が伝わるなど、豊臣家との関係の深さをうかがわせる。

勝永が大坂へ入城する途次、この谷川湊に寄港したのは、単なる偶然であったろうか。勝永の大坂籠城は明白となり、知らせを受けた康豊は監視役の山田四郎兵衛を召喚した。山田四郎兵衛は、毛利父子が土佐へお預けになると、これを慕ってやって来た。慶長十六年（一六一一）には、山内家から知行四百石を与えられ馬廻りとして仕えることになったが、旧主への思いは一貫して持ち続けていたようだ。

山内家でも、山田を信頼して、旧主である毛利父子の監視を委《ゆだ》ねていた。

しかし、勝永父子が土佐へ脱出して大坂へ向かったことを知った山内康豊は怒り、すべてを白状した山田四郎兵衛に切腹を命じたのであった。山田の息子孫七はこの一件により土佐を退散し、本多美濃守に仕えた。

この時、もう一人の証人である勝永の次男太郎兵衛は、座敷牢に監禁された。勝永の後を追いかけるように入城した杉五郎兵衛の妻子なども、横目を付けて厳重な監視下に置かれた。寛永十年（一六三三）七月五日付酒井阿波守宛山内忠義書状には、毛利勝永が大坂へ入ったのは、寅年の十一月であったと記されている。

山内家では、毛利勝永の脱走を本多忠純へ届け出、本多からは勝永の証人である太郎兵衛の身柄を急ぎ上方へ移すよう内命が伝えられた。山内忠義は土佐に残っている実父康豊に太郎兵衛の身柄移送、および護送用の船の仕立てを懇請した。太郎兵衛の護送船は十二月二十一日に土佐を出港した。

すでに大坂城下は徳川方の情報・流通統制下に置かれ、勝永主従は城へ入ることもままならなかったらしい。結局、「皆々馬の飼料葉豆などの中へ結入、壁覆よりなけ入候よし」と勝永旧臣志和又之丞が語ったという（『志和氏由来記』）。

勝永の入城は開戦ぎりぎりのタイミングであった。おそらくは、豊臣家譜代の紛れもないひとりである、という自負を持っての入城であったろう。

勝永の素性は、徳川方にも知られており、『土屋知貞私記』には、豊臣方の諸将の中に、

一　尾張者。元豊前の小倉の城主。関ヶ原の時分、治部少徒黨。歳五十餘。土佐山内対馬守に御預。其内土佐にて男子二人女子一人出来候。惣領式部ヲ召連、土佐守に御先に参るべき旨断り、大坂へ籠城す。　毛利豊前守

と、記されている。年齢など疑問点もあるが、土佐関係の情報は、後に勝永の妻子が山内家によって京都へ送られた経過からひろまったものであろう。

かえって、当時の豊臣家では、勝永のことをよく知らない者が多く、『大坂陣山口休庵咄』では、

一、森豊前
人数四千五百ほど、馬印赤きすみ取紙、是は西国大名の由、関ヶ原以後、牢人、何方にて居られ候哉、存ぜず候

となっている。入城後の兵数や馬印には詳しいが、素性や前歴についてはあやふやであった。ただし、かつての同僚である秀頼馬廻りには旧知の者が多かった。また、城内を代表する大野治長とは従兄弟にあたる。勝永を他の牢人衆と区別して、秀頼直臣に復帰させてもおかしくはなかった。

故太閤の譜代

毛利勝永は、なぜ大坂へ入城したのであろうか。

土佐に配流の身とはいっても、その活動はかなり自由であった。もともとは他家に預けら

れていた毛利父子の身柄を、山内一豊がわざわざ家康周辺へ願い出て引き取ったという経緯がある。

父壱岐守吉成は前述のように高知築城にあたっては、これに意見を加えることもあったという。

また、吉成の弟権兵衛吉近は山内姓を与えられて家臣として取り立てられていたし、毛利家に仕えていた者たちにも山内家へ召し抱えられた者たちが何人もいた。

そのまま土佐におれば、勝永自身もまた山内家の家臣に迎えられ、それなりの立場を築けたはずである。豊臣家との近しさを警戒している徳川家にしたところで、豊臣氏を屈服させた後であれば、勝永への警戒心も多少はゆるんだかもしれない。そうなれば、勝永、あるいはその子供たちは山内家の重臣に迎えられたと考えられる。

この点、同じように紀州九度山へ流罪となった真田信繁（幸村）は、浅野家の監視つきで行動の自由も制限されていた。九度山で朽ち果てるしかなかった信繁の境涯よりは、はるかに勝永は恵まれていたといえよう。

変事、すなわち秀頼を擁した大坂方の挙兵がおこらなければ、勝永はそのまま土佐の一隅で静かに生活するつもりであっただろう。しかし、父吉成からは「大坂からお召しがあったら応じるように」と、言い含められていたのではないだろうか。土佐に預けられた後の吉成が、その心中を語る記録は何も残されていない。かりに吉成の遺命がなくても、勝永はその心算をひそかにおのれの胸にしまいこんで、十余年を送っていたと思われる。

大坂方の檄《げき》に応じて馳せつけた牢人衆は、大名への返り咲き、武門の意地といった目標を掲げた者から、やむにやまれず、という者までおり、さまざまな事情で入城した。筑前黒田家を退散した後藤又兵衛基次などは、旧主黒田長政によって「奉公構」という措置をとられたため、他家へ仕官ができなくなってしまっていた。関ヶ原合戦という「荒療治」は、大量の牢人を発生させた。家康が開いた江戸幕府はその後、長くこの牢人問題に頭を悩ますことになる。

勝永が大坂に入城したという報は、旧臣たちの間にもひろまった。毛利父子を慕って土佐へやって来た杉五郎兵衛重俊は、勝永の推挙で山内家に仕官し、二百五十石を食《は》んでいた。江戸城普請のため、江戸へ出府していた杉は、大坂の陣と旧主勝永の入城を知った。杉は妻子を寺村淡路に預けて、旧主のもとへ駆けつけた。

十月二十三日、東海道を経由して、家康本隊は二条城に入った。将軍秀忠も十月二十四日に江戸を発ち、十一月十日には伏見に着陣した。

家康は十一月十五日に奈良方面へ出陣した。

大坂牢人衆

『長沢聞書』には、

一　大坂衆、騎馬百騎より上を扶持致し候衆。
　大野修理　同主馬　真田左衛門佐　長曾我部　明石掃部
　仙石豊前守　森豊前守　木村長門　浅井周防守　後藤又兵衛
右の衆中也。

とある。

扶持百騎以上という大雑把な括りであるが、主だった顔ぶれは揃っている。しかし、大野修理・主馬の兄弟、木村長門（重成）以外は全員が牢人衆であった。こうした一手の大将を任じる人材にも事欠いていたというのが、当時の豊臣家の実態であったろう。

今度の東西手切れで、豊臣家に味方する大名は一家もあらわれなかった。そこで、大坂方は多数の牢人を募集するほか、各地に逼塞《ひっそく》している関ヶ原敗残組大名やその子弟、名ある武将にも誘いの手をのばした。大坂の陣で活躍する牢人衆といえば、まず真田左衛門佐信繁（幸村）、後藤又兵衛（基次）、明石掃部（全登）、長宗我部盛親などを数えることになろう。江戸時代初期、宇佐美定祐によってまとめられた『大坂御陣覚書』では、こうした豊臣方諸将の諱がほとんど不確かである。

毛利勝永もその牢人衆、すなわち新座衆のひとりである。真田、後藤、毛利、明石、長宗我部など、主だった彼らは新座頭と呼ばれた。

別に勝永は、真田、長宗我部とともに三人衆と称された。この三名は、まがりなりにもかつては大名であったり、その子弟であったためであろう。「大坂へ馳籠る諸浪士の中、長曾我部宮内大輔盛親、真田左衛門佐信仍、毛利豊前守勝永は、元来大名なれば、城中に於ても、格別の会釈にて、三人衆と号し、万の商議も、此三将の意に洩るゝ事なく、銘々恩顧の手の者共も、追々に馳集つて、旧主を守護し、其威尤諸浪士の冠たり」とある（『翁草』）。

一方、後藤、明石はそれぞれ黒田、宇喜多という大名の家臣であり、豊臣氏から見れば陪臣にあたる。しかし、いずれも世にその名が知られた将帥であるため、大野治長が先の三人衆に諮って軍議に列することを承諾させたという。その後藤、明石を加えて、五人衆と呼称されることもある。

福本日南は『大阪城の七将星』において、先の五人衆に加えて、木村重成、大野治房をあげている。

こうした牢人衆は、城内においても一定の発言力を持っていた。『武功雑記』によれば、博労ヶ淵、穢多ヶ崎、福島の各砦《とりで》を構築し、これに兵力を入れることに、真田信繁、毛利勝永、後藤基次、明石全登などが同心しなかった。牢人衆の懸念は、「其故は人数を方々へ分ち置かば城兵すくなくなるべし、其上に取手を一箇所にても敵にとられなば城兵の心の弱みとなるべし」というものだった。しかし、秀頼の側近たちはこれを容れなかった。

結局、牢人衆たちの主張を裏付けるかのように、十一月中には主だった砦は寄せ手によって陥れられ、城方は城内へ撤収した。

ただ、勝永は積極的に軍略を講じて自ら主張した形跡はうかがえない。

そもそも勝永は、冬の陣においては、めだった活躍を見せていない。そればかりか、勝永の部隊がどこを守備していたのかさえ明らかではない。

今日に伝わる大坂冬の陣図では、城の西北隅、現在の今橋付近の守備にあたっていたということになっている。この方面での特筆されるような戦闘はなかったが、勝永の正面に対峙していたのは、鍋島勝茂であった。勝永と鍋島勝茂とは、関ヶ原合戦での対処によって明暗が分かれた。

鍋島勝茂は、山内忠義に対し、勝永の身上のことをくれぐれも頼むと委嘱《いしょく》するところがあり、以来両家は昵懇の間柄となったという。かつて、勝永と鍋島勝茂とは、関ヶ原合戦直前まで行動を共にしていた仲である。また、勝永の亡くなった妻は、鍋島勝茂にとって主筋である龍造寺家の姫であった。

また、やや南へずれてはいたが、山内忠義の軍勢も陣を布いていた。山内勢の中には、勝永の家臣だった鳥飼左助の姿もあった。山内家に仕官し、主人から「武辺場数覚えの者」と賞され、覚兵衛と名を改めた鳥飼は、かつて伏見城攻めにあたって、旧主勝永と並んで城に火矢を射続けた男である。そして、十五年余りを経て、主従は敵味方に分かれて相対することになった。

勝永は、山内勢の先手へ両度にわたり、矢文を射込ませた。矢文には、累年の芳情への謝礼、および籠城に至った子細が記されてあったという。

第七章　大坂の陣

真田丸の激戦

冬の陣でもっとも有名な戦いは、真田信繁が守る出丸（いわゆる真田丸）をめぐる攻防戦である。

この戦闘の主役は、後世、「真田幸村」として知られるようになる真田信繁である。『長沢聞書』には、「真田左衛門は四十四五にも見え申候。ひたひ口に二三寸ほどの疵あと有之。小兵なる人にて候」と記されている。

冬の陣を描いた図には大坂城本丸から南に大きく突き出た砦が描かれているが、信繁が指揮した出丸「真田丸」が実際はどのような形状であったのか、なお研究がすすめられている。

実は、真田丸の正確な位置はわかっていない。真田の抜け穴があることで有名な三光神社境内がその一部であるともいわれるが、実際は神社よりやや西よりとする説もある。現在では、心眼寺の境内と明星学園の敷地、それに三光神社までを含めた広大な丘陵部が真田丸遺構と考えられている。

真田信繁（幸村）像（上田市博物館蔵）

十二月四日明け方、真田丸を攻撃したのは、前田利常の先手であった。これを抜け駆けと見た松平忠直、井伊直孝らの軍勢も出丸に取り懸けた。真田丸は三方に堀をめぐらせ、その上に構築された柵には狭間が切られており、そこから繰り出す銃撃に寄せ手は苦しめられた。この戦闘における死者は、数千にものぼったといわれている。

真田丸の戦闘は、その呼称からして、信繁ひとりが脚光を浴びているが、実際には木村重成、長宗我部盛親の手勢も守備にあたっていた。

真田丸の攻防に先立って、冬の陣最大の激戦となった鴫野《しぎの》・今福の合戦では、木村重成、後藤基次らが奮戦し、今福の戦いでは佐竹義宣の隊を混乱状態に陥れた。佐竹隊は家老渋江政光が討たれるほどの苦戦を強いられたが、鴫野方面での合戦に打ち勝った上杉景勝の麾下が大和川を渡河、側面から援護射撃を行ったため、佐竹隊も窮地を脱して城方を敗走させた。

攻防の焦点は、大和川の両岸の堤

「真田の抜け穴」で知られる三光神社

最近の研究で真田丸があったとされる心眼寺

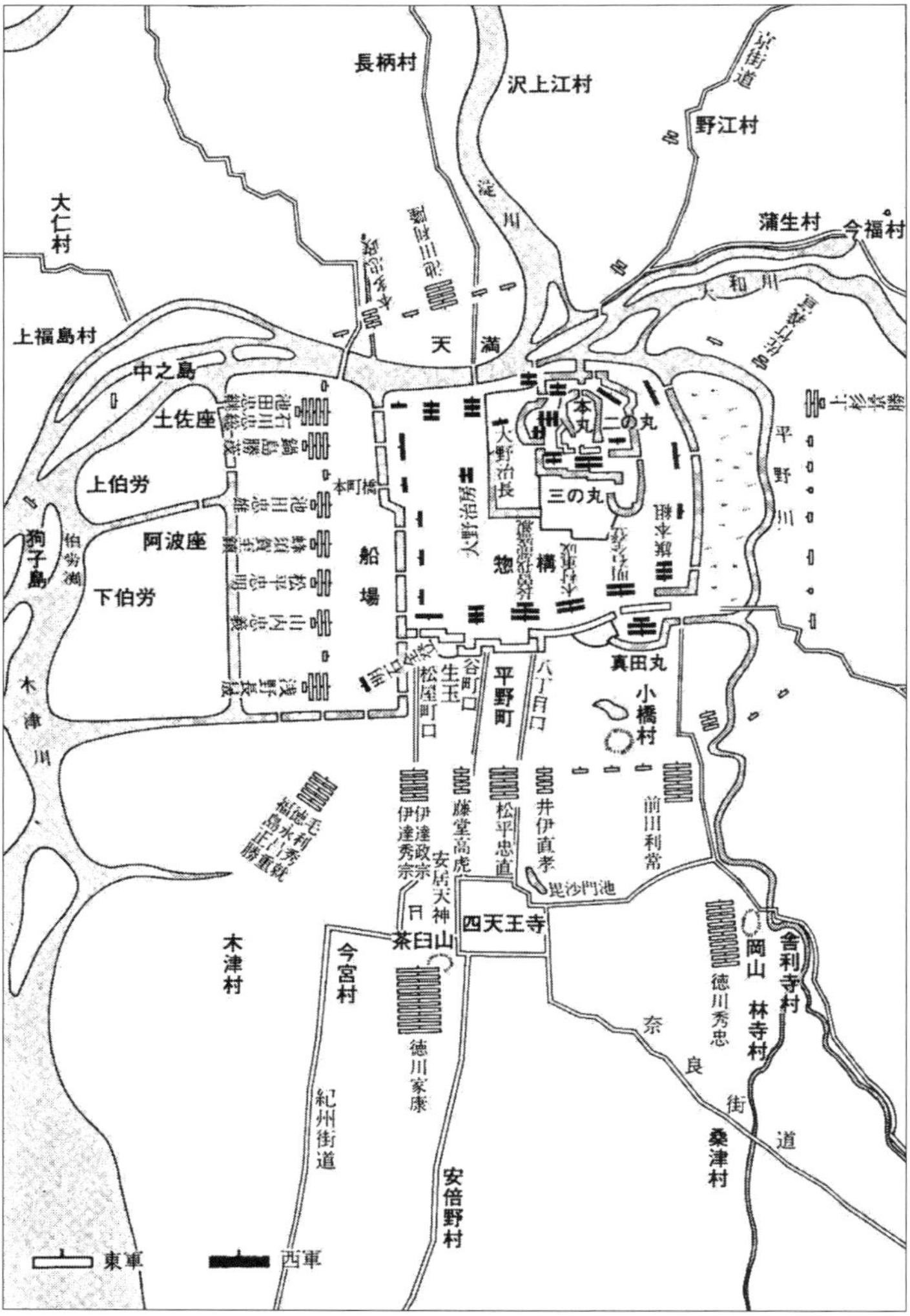

大坂冬の陣の布陣図（『新修大阪市史』から転載）

上に設けられた鳴野および今福という砦の取り合いであったが、結果的に両砦ともに寄せ手側の手に落ちている。

勝永、今橋方面を守備

現在、「大坂冬の陣図」といった史料が複数伝わっていて、それらを参考にした各武将の布陣が示された図版が流布しているが、毛利勝永の位置が一定していない。

本丸北西隅にあたる今橋方面の守備陣にその名が記されていることが多いが、史料によっては、木村重成となっているものもある。今橋は、真田丸がある東南隅とは本丸をはさんでちょうど反対方向にあたり、現在も地名を残している。対峙するのは、勝永とゆかりのある鍋島信濃守勝茂らである。

勝永自身の記録がないのはもとより、敵味方の覚書などでも冬の陣における毛利勢の動向はふれられていない。いわゆる「冬の陣」において、この方面ではめだった戦闘はなく、したがって周辺に布陣した諸将の動きが詳しく記録されることもなかったのであろう。

加えて、勝永は土佐から大坂へ赴くという地理的な問題もあって、牢人衆の中では入城時期がもっとも遅かった。牢人衆の入城は十月頃からはじまっていたが、勝永の入城は十一月以降といわれる。すでに、入城していた牢人衆によって大方の持ち場が決められていた。勝永は、真田信繁と違って真田丸のような「持ち場」を与えられてはおらず、かといって、後藤又兵衛と異なり城外へ出戦できるような数千の麾下を付与されてもいなかったのではないか。

軍記物ではあるが『新東鑑』が、勝永と毛利勢の冬の陣の動向を記している。土佐を発した勝永が摂津灘(大阪湾)へ到った時、尼ヶ崎の領主建部三十郎正長の番船によって荷船を抑留された。

仕方なく、毛利主従はほとんど身ひとつで入城した。その後、豊臣家の水軍をあずかる樋口淡路守(雅兼)とともに尼ヶ崎を急襲し、放火した。この時、宮田甚三郎(甚之丞か)が建部方の首級一を獲ったという。

大坂方の尼ヶ崎攻撃は勝永の入城以前のことと考えられ、事実として認められないが、今橋の守備につくかたわら、浮き勢(遊軍)として行動していたのではないだろうか。

和睦

真田丸における戦闘から間もなく、大坂方から和議の打診があった。本多正純、後藤庄三郎が家康・秀忠の内意として、新規召し抱えの牢人衆はすべて赦免し、秀頼は五か国を付与して大和郡山へ移封するという条件を示した。その一方で、寄せ手は総攻撃の準備をすすめていた。

和睦交渉では秀頼が二、三か国の加増を希望したが、家康は承引しなかった。十二月十六日、家康は大筒による城内への攻撃を命じた。この砲撃が城方に与えた影響は大きかった。本丸を直撃した砲弾によって、秀頼の母淀殿の侍女たちが死んだ。

砲撃に堪え切れなくなった城方は再度、和睦交渉の席についた。その結果、二十日に寄せ手と城方の間で和議が結ばれた。

和睦条件のひとつである城の堀の埋め立てについては、一番外側の「惣堀」のみと主張する城方と、すべての堀という意味での「惣堀」と解釈する寄せ手とで対立し、なし崩し的に大坂城は丸裸にされてしまった――ということが家康の狡猾《こうかつ》さを示すエピソードとして語られることがある。しかし、『大坂御陣覚書』に「二、三の丸、御城方より仰せ付けらる筈に候え共、はか参らざるにて、遠国の人数、其内在陣迷惑仕り候間、すけ申すべき由申し候へば、尤之由に付き、惣人数をもって、二、三の丸塀・矢倉まで悉く崩し、堀を埋め立て候」とあるように、二、三の丸の堀埋め立てを担当する城方の進捗度合いがはかばかしくなかったのである。一方、長滞陣に倦《う》んでいた寄せ手のほうは、早く作業を終わらせて帰国したいというのが偽らざる気持ちであった。

冬の陣では、寄せ手と城方との間で局地戦が散発した。そのほとんどが、大坂方が築いた砦の争奪戦である。結局、この「冬の陣」においては、勝永ら毛利勢が大きな戦闘に関わることはなかった。特に旧大名家出身である真田信繁、長宗我部盛親、そして勝永などは、一隊を預けられて出勢を許されるほど信用されていなかったのではないだろうか。

城内における牢人衆の微妙な立場を示すものとして、夏の陣直前にあったこのような出来事があげられる。四月三日の夜、大野治長の屋敷に賊が侵入し、治長を刺して逃げたという。賊は長宗我部盛親の屋敷へ逃げ込んだが、ふたたび逐電して行方知れずとなった。大野治長は盛親が賊を匿《かくま》っているのではないかと疑念を持った。そこで、盛親は疑いを晴らすため、城内を捜索して賊を捕らえて治長に引き渡したという。このことからも、大野治長ら譜代衆が盛親をはじめとする牢人衆を完全に信頼しきってはいないことがうかがえる。刺客の素性は、治長の弟・主馬の組下である成田勘兵衛が召し使う忍びの者であったという。

和議の条件のひとつである牢人召し放ちは行われず、なおも多くの者が城内に留まっていた。毛利父子も同様である。豊臣方から提示された二、三か国の加増が徳川方によって拒絶され、牢人衆は行き場を失った。豊臣家は牢人衆の対処にも困《こう》じ果てていたのである。

大坂方再挙

既成事実としての和睦破綻は早々に表面化していた。

幕府は大坂に籠城する者を捕縛するよう触れを出す一方、諸大名の領国から兵糧や木材が大坂へ流入しないよう統制を図った。

四月四日、城中では敵が城の南の天王寺口から寄せてくるであろうということを予測し、八丁目口から押し出した味方の勢を二手に分け、それぞれ家康・秀忠の本隊を衝くという作戦が採用された。翌日には、秀頼自ら城を出て、天王寺・住吉を巡見したという。その装いは、茜《あかね》の吹貫二十本、金の切裂の旗十本をなびかせ、千本鑓、瓢箪の御馬験《うまじるし》を立てるきらびやかなものであった。秀頼は天王寺から岡山あたりまで馬を進め、機嫌よく帰城した（『大坂御陣覚書』）。

四月十二日以降、大坂城では金銀を牢人たちに配り、武具諸道具の用意をさせはじめた。この動きはただちに京都所司代板倉勝重によって「俄に騒動の由」と急報された。家康はこれを聞くと、機嫌を損じたという。

大坂城内では、十三日に「大野兄弟（治長・治房）、木村（重成）、渡辺（糺）、薄田（兼相）等列座し、客将の長宗我部（盛親）、真田（信繁）、後藤（基次）、森（勝永）四人を招き、軍議す」

と『武徳編年集成』は記している。席上、真田信繁が自説を述べた。

「当所は名城なるがゆえに、旧冬の籠城では堅固に守備することができた。しかし、今度は御本城の外に塁壁がない上に、味方の中には、恩賞を約束した直書をわれら四人のもとへ返してくる輩《ともがら》もいる。この上は、秀頼公には早く入洛あって参内を遂げられよ。そして、伏見の城をば、毛利豊前守、渡辺内蔵助に七手組の兵をかれこれ五千ばかり預けて守備し、総軍をもって宇治勢田の橋を引いて、志賀唐崎において関東勢に対陣すれば、形成の不利をさとって、御味方に参じる諸侯もあらわれ、豊臣家の御運を開くこともかないましょう」

長宗我部盛親、後藤又兵衛も信繁の意見に賛意を示したが、大野治長は首肯しなかった。これは、徳川家康の伝記である『武徳編年集成』に拠ったものであるが、『明良洪範』にも同じような記載がある。

ただ一人承引しなかった大野治長に対して、信繁は、

「修理は秀頼公を大事に思って、御出馬有らん事をあやぶみて同意せざるならんか、畢竟は軍事に疎き故也、是非に及ばず」

と、嘆いたという。これらのことが徳川方の記録に出ているということは、城内の情報が筒抜けであったことを示していよう。

そうこうしているうちに、家康は十七日には雨が降る中、近江水口へ到着していた。同日、

越前松平忠直の軍勢が坂本に至った。家康は、本多上野介、成瀬隼人の両名に命じて、紀州浅野長晟《ながあきら》に対して出陣の命を下した。さらに浅野には、池田、加藤、生駒、山内らの諸侯へ軍令を伝達する役割が課せられた。九州への陣触れはさらに遅れて十九日以降となった。一方、十日に江戸を発した秀忠は急使を走らせ、自分が着陣するまで合戦をはじめないように家康に懇請した。彼の脳裏には、関ヶ原合戦の折の苦い記憶がよびさまされていたのかもしれない。

畿内では数日、雨が続いていた。関東の軍勢が近江へ至り、西国諸侯への陣触れがなされた頃、京都では豊国祭が催行されていた。十七日に予定されていた湯立の儀は延引となり（『梵舜日記』）、十八日の猿楽はどのようになるのかと案じられていた（『義演准后日記』）。奉幣使として正親町三条中納言が参向して、神事は済んだようである。

同日、断続的に雨が降る中を、家康が入洛した。山科まで出迎えた公卿たちの間には「秀頼公を攻める」という風説がひろまっており、思いもかけないことに動揺していた。

大坂夏の陣はじまる

四月二十三日、家康は常高院（京極高次後室。淀殿の妹）を城中へ派遣したが、秀頼は和睦を拒絶した。大坂方には冬の陣の折の和睦条件をめぐって不信感がひろがっていた。

二十六日、交渉決裂を受けて、城中で評定が開かれた。大野治長は天王寺表に柵をめぐらし、これに敵を引き付けて戦うのはどうかと後藤又兵衛に尋ねた。

すると、又兵衛は、

「合戦を左右するのは地形であり、国府越・暗峠《くらがり》・新条越・立田越はみな険阻であり、われらが人数を押し出して、これらの要所に拠って迎え撃てば、関東の軍勢がいかに大軍であろうと、進退に窮するであろう」

と、意見を述べた。秀頼も又兵衛の考えをいかにもと諒承したため、ここにはじめて牢人衆の意見が評定において取り上げられることになった。

かくして、大和口の先手には後藤又兵衛が命じられた。これに、薄田隼人、槇島玄蕃、井上小左衛門、山河帯刀《たてわき》、山本左兵衛、山川治郎兵衛、大久保左兵衛、古田九郎八らが加わる。二の手は真田左衛門佐、明石掃部、長岡与五郎、小倉作左衛門、渡辺内蔵助、毛利豊前守、伊木七郎右衛門、大谷大学、大野修理で編成されることになった。

しかし、これに先立ち、紀州一揆と連携して、浅野氏を攻めた塙《ばん》団右衛門らが樫井《かしい》で戦死してしまった。本隊を指揮していた大野治長の弟治房は、団右衛門を捨て殺しにしたとして、諸将との仲が険悪になった。

大坂方は、大きく二手に分かれ、一方は後藤又兵衛を先手として道明寺方面へ進出し、大和口から進撃してくる敵に備えた。また、一方は木村重成、長宗我部盛親らが若江・八尾方面へ進撃し、河内方面の敵に備えた。

大坂方の諸勢は城を出て、各所に野営していた。道明寺進出部隊は、すでに平野に後藤隊が陣取っており、新たに到着した毛利勝永、真田信繁が後藤又兵衛の陣所へあらわれた。三将は明日の作戦の成功を誓い、別れた。

道明寺の戦い

五月五日夜、まず後藤隊が数千の松明《たいまつ》を連ねて平野の陣所を出た。勝永は二番手、真田信繁が三番手である。後藤隊は大和街道を南下して、明け方には藤井寺へ着陣した。『大坂御陣覚書』によれば、「明日六日の合戦は夜中に国府山を越え、亀の瀬を後口に当て、三人の組下一万ずつ、三万を一手として左右の山を陣取った上で、家康の旗本へ仕掛ける」というのが作戦内容であった。

河内国の国府は現在の柏原市になるが、「国府山を越え」という山は大和川左岸の国分丘陵のことを指していると考えられる。さらに、亀の瀬というのは現在の柏原市大字峠の古名である。つまり、大坂方三将の作戦は、片山・小松山を経て東進し、亀の瀬を後方にして、大和川沿いの隘路《あいろ》において敵を迎撃するというものだった。国府の出口から大和川をかなり深く遡上する思い切った作戦である。

しかし、軍事行動は寄せ手のほうがはるかに迅速であった。後藤又兵衛らが藤井寺へ着陣した時には、すでに寄せ手の先鋒は国府に達しており、ここにすでに水野勝成および大和衆が陣取っていた。向かい側の片山へ水野勝成自ら物見に出た。同行した大和衆は陣所に最適であると判断した。それを聞いた第二陣の本多美濃守(忠政)は、「日向守(水野勝成)は、片山に陣を取るのがよかろう」と指示した。

しかし、水野勝成は陣所に適しているとは思わなかったらしい。先鋒である自分に指図は無用、と言い放った水野は、

「片山では、平野方面から城方が押し出してくると、それを迎え撃つ足場がない。それよりも国府に陣取って、明日は石川河原まで押し出し、玉出・円明へ回りこんで、片山へ上る敵を包囲するのがよい」

という作戦を披瀝《ひれき》した。

玉出、円明はいずれも片山の南西側にある。片山は河内平野にぽつんと浮かんだ島のようでもあり、水野は味方の陣所とするには心細く思ったのかもしれない。加えて、大坂城から

この地まで進撃してくる城方の後方へ回り込めれば、勝負はつくと水野は考えたであろう。水野勝成、後藤又兵衛、敵味方先手の両将はいずれも片山に本陣を置くことを避け、これを越えて進出する企図を持っていた。その戦略眼は期せずして一致していたといえよう。

しかしながら、寄せ手の進撃は城方の予想を超えており、後藤隊の移動は敵方に察知されていた。片山での物見から戻った水野勝成は、具足をぬがぬまま、敵方の哨戒《しょうかい》をあれこれ指示していた。すると、藤井寺と誉田《こんだ》の間を平野方面から移動してくる松明の列が探知された。その松明はほどなくして消えた。水野はすぐに鉄炮衆を前面に出し、片山方面へ進撃を命じた。

明け方近くに藤井寺へ着陣した後藤又兵衛は、毛利、真田の到着を待ったが、殊の外遅いと感じ、誉田八幡宮に至って全軍の松明を消させ、道明寺方面へ進撃する決心をした。この動きを、石川対岸の水野勢が目撃していたのであった。

後藤隊は明けきらぬうちに小松山に陣を布いた。鉄炮にて敵勢を打ち崩そうと後藤又兵衛は全軍に戦闘態勢を命じていた。大坂方にとって小松山はあくまで第一目標に過ぎず、本来の作戦は、関東勢を国分以東の狭隘《きょうあい》な地理を活かして迎撃するというものだった。

敵勢が間近に迫っていることを知った後藤又兵衛は、これ以上後続の味方を待つ猶予はないと判断し、戦端をひらいた。数の上で劣勢の後藤勢は高所を活かして善戦したが、圧倒的な数の寄せ手の猛攻を受けて、次第に小松山に追い詰められていった。乱戦の中で、又兵衛は鉄炮に胸板を貫かれ、転倒した。又兵衛は金方平右衛門を呼び、甲を脱がせて首を討たせた。金方は又兵衛の首を具足羽織に包み、田のうちへ隠したという。この戦闘で、薄田隼人も討たれている。

勝永、藤井寺着陣

勝永は六日の未明に平野を発ち、藤井寺へ着陣した。とっくに夜は明けていた。この日の戦闘は、関ヶ原合戦以後、青年官僚から闘将へと、自己変革を遂げたかのような勝永と、新生毛利軍の実質的なデビュー戦であったといえよう。

しかしながら、勝永勢の道明寺着陣は遅延し、その真価が発揮できたとはいえなかった。毛利および真田勢の遅刻の要因は、濃霧と説明されることが多い。しかし、それ以上によせあつめの軍隊である豊臣方は、夜間行軍など統制がとれた軍事行動をスムーズに行うまでには練度の面で未成熟であったのであろう。

両隊が相次いで道明寺へ着陣した時には、すでに後藤隊は壊滅しており、又兵衛は討死していたという。道明寺方面は敗走してくる兵たちであふれていたため、勝永は作戦の失敗を悟り、敗兵の収容につとめつつ、真田隊の到着を待ってこの地で敵を迎え撃とうと決した（『大坂御陣覚書』）。

大坂方の分進合撃は失敗し、寄せ手による各個撃破によって後藤・薄田らの隊は壊滅した。しかし、予想以上に善戦したために、これ以上の味方の殲滅《せんめつ》を免れ、続いて進撃してくる毛利、真田勢が反撃する猶予を稼いだといえよう。

真田勢が姿を見せたのは、巳の刻を過ぎた頃であった。真田およびそれに附属する諸隊は、先に着陣していた毛利隊とは一所にはならず、そのまま誉田方面へ進撃していった。これに対峙するのは伊達政宗の軍勢である。真田勢は鉄炮を前に繰り出し、伊達勢の先手に猛射撃を加えた。

伊達勢の先手を敗走させた真田勢であったが、伊達方も片倉小十郎（重綱）が逆襲に転じ、真田隊を西方へ七、八町ほど追い崩しにかかった。こうして、真田、伊達の両勢が一進一退の攻防を展開していたが、ついに競《せ》り勝った信繁は、人数をまとめて毛利勢の備えと合流した。

『大坂御陣覚書』によれば、勝永の陣所へやって来た信繁は、遅参を詫び、「後藤又兵衛殿、薄田隼人殿、討死という知らせを聞いた。こうなったからには手立てはいらず。申し訳のため一戦仕ろう。このように齟齬が生じるとは、もはや秀頼公の御運が尽きたようです」と嘆じた。

勝永も、「この上は、われら一所となり、一戦して討死いたすべき」と決意を述べた。

そこへ、城から黄母衣衆が到着し、ただちに引き退かれるようにとの命令を伝えた。

この日、大坂方は道明寺において後藤又兵衛、薄田隼人らを、若江において木村重成らを失った。

道明寺退却

道明寺方面の諸将の間では、殿軍の役目をめぐって一問着《ひともんちゃく》あったらしい。結局、真田信繁が他の諸将を強いて引き取らせたため、自分ばかりが手柄を独り占めしているとして、従軍諸将は「大いに真田を憎」んだという（『左衛門佐伝記稿』）。

城方の退却を見てとった徳川勢からは、一柳監物《けんもつ》、菅沼織部らの手勢が進軍してきた。これを見た真田信繁も味方に鉄炮を打たせ応戦した。

両軍の間には深田がひろがっていたため、水野勝成は馬を駆け入らせることに躊躇した。そこで、川の瀬踏みの要領で、「誰か是見切物やある」と声をかけたが、応じる者はない。重ねて勝成が呼びかけると、桑山左門が家来吉村次郎九郎が案内者なので、これに命じようと答えた。

吉村は田の中へ馬を乗りかけたが、さほど沈み込む様子はない。軍勢を前進させられると確信した水野勝成が、追撃を主張した。

勝成は、毛利勝永、大野治長の隊が備える南側に真田勢が陣取っており、これが横槍を入れてくることを警戒していた。そこで、勝成は伊達政宗に「伊達勢が真田勢を押さえておいてくれたら、その機に毛利豊前を討ち取ることができる」と申し出たが、政宗は肯《がえ》んじなかった。

道明寺方面には、続々と関東勢が姿を見せ、政宗の後方には、松平忠輝の大軍が着陣していた。しかし、忠輝の武者奉行玉虫対馬守も「合戦の勝ちは二の手にありと申します。大坂方一の敗軍、二の勝ち。なかなか追撃は難しいでしょう」と意見を述べた。

ちなみに、信繁が追撃を躊躇する寄せ手に向かい、「関東勢百万と候え、男はひとりもなく候」とうそぶいたのは、この時のことであるといわれる。

逡巡しているうちに、申の下刻あたりに地平線に幾筋もの煙が見えた。真田・毛利の諸隊が陣払いをして平野方面へ引き取っていったのである。

その夜は雨となった。結局、勝永と真田信繁は城には入らなかった。勝永は天王寺に、信繁は茶臼山にそれぞれ陣を布き、野営して翌日に来たるであろう決戦に備えた。道明寺方面への進出という後藤又兵衛の献策を容れた結果、棚上げとなった大野治長による天王寺表における迎撃策の復活である。夜になって、信繁、大野治長が天王寺の勝永の陣所を訪れた。信繁は、明石掃部の一隊をひそかに船場から迂回させて、前線の目立たぬ場所に配置させ、諸隊の攻撃で敵が混乱した隙に、家康本陣を衝かせるという作戦を披瀝した。

さらに、信繁は大野に対して、「右府（豊臣秀頼）、躬《みずか》ら出でて令を下さば則ち闘士益々奮はん。願はくは足下、右府に出でて、戦場に莅《のぞ》むを勧めよ」と説き、秀頼の出馬を要請した。大野治長はこれを了承し、いったん帰城して秀頼に告げた。

明け方、勝永は鉄炮大将の松岡彦兵衛、雨森三右衛門を斥候に出した。松岡、雨森の両名は、甲冑を着けず刀も若党に持たせて、髪も乱髪の態で未明のうちに陣所を発ち、天王寺表へ至った。

そこで松岡、雨森が目にしたものは、寄せ手が仕寄場を設けるために引裂紙を取り付けた竹が立てられている様子だった。二人は敵に先を越されたかと語り合い、さらに霧の向こうに見慣れぬ村々があると錯覚した。朝霧の切れ間から在所の木々かと思われたものは、おびただしい数の旗指物であった。

「一村と見へたるハ皆一備へ也、日の出るに随て、長柄など夜霧のおきたるに朝日うつりてきらめき渡り、東は矢尾・若江、南は平野・堺へ懸り、三里か間、寄手の軍勢一面に押来る」(『大坂御陣覚書』)という光景を目の当たりにした両名は、ただちに勝永に急報した。報告を受けた勝永、真田信繁ら諸将は驚き、早足軽を出して味方の諸隊にただちに備えを立てるよう命じた。

天王寺の戦い

勝永本隊は、四天王寺の西南に陣取っていた。四天王寺は、言わずと知れた聖徳太子が創建したという古寺である。「大坂夏の陣図屏風」(大阪城天守閣蔵)の右隻ほぼ中央に毛利勝永隊が描かれ、そばに四天王寺の石鳥居が確認できる。

前日に八尾・若江、および道明寺まで進出していた大坂方は、戦線を大きく後退させている。道明寺の合戦が果てた後、退却した城方は、大坂城には戻らず平野に野営した。そして、翌日も城には入らず、それぞれ茶臼山と四天王寺に陣を張ったのである。

夜間、前線の真田・毛利と城内との交信があった結果、天王寺、および岡山口を最終防衛線とする決定がなされたのであろう。

毛利勝永勢の先手のひとつ、浅井周防の備えに加わっていた鵜川佐大夫の覚書によって布陣を見ていきたい。

勝永らは四天王寺の南門を背に本陣を布いている。右備えには篠原又右衛門、石川肥後、左備えには浅井周防、結城権之助、竹田永翁がそれぞれ陣取っていた。諸隊の前方には横幅五十間はあろうかという堀切が構築されており、低地は大方が田であり、やや南へ進むと高所となって、畑がひろがっていた。

四天王寺の西は「安倍の海道」、東は「平野海道」が走っており、中央は「あめ寺海道」が伸びていた。これは、四天王寺南門を起点として庚申堂《こうしんどう》を経て、古市へ至る古道であった。この庚申堂は青面金剛童子を祀る日本三大庚申堂のひとつである。『鵜川宗宥覚書』中には、「かうしん堂在」と記されているのがそれである。

大坂の夏の陣で勝永が陣取った四天王寺南門

そして、真田信繁の軍勢は毛利勢の右前方、茶臼山を中心に配置についていた。真田・毛利勢が展開している間に南北に伸びる街道がある。現在の谷町筋にほぼ合致する街道で、大坂城の谷町口から四天王寺を経て、住吉へ伸びていた。熊野古道である。

越前松平忠直勢を先陣に、徳川家康の本隊はここから北上を開始しつつあった。松平忠直の軍勢は一万五千余の大部隊であったが、これが同じ規模の人数を擁する加賀前田勢の前を横切って布陣するという強引な行動に出ていた。松平忠直は、前日の若江・八尾の合戦において積極的に参戦しなかったために、家康から叱責されていた。その鬱憤を晴らさんという気分が、このような無茶な行軍をなさしめたと考えられる。

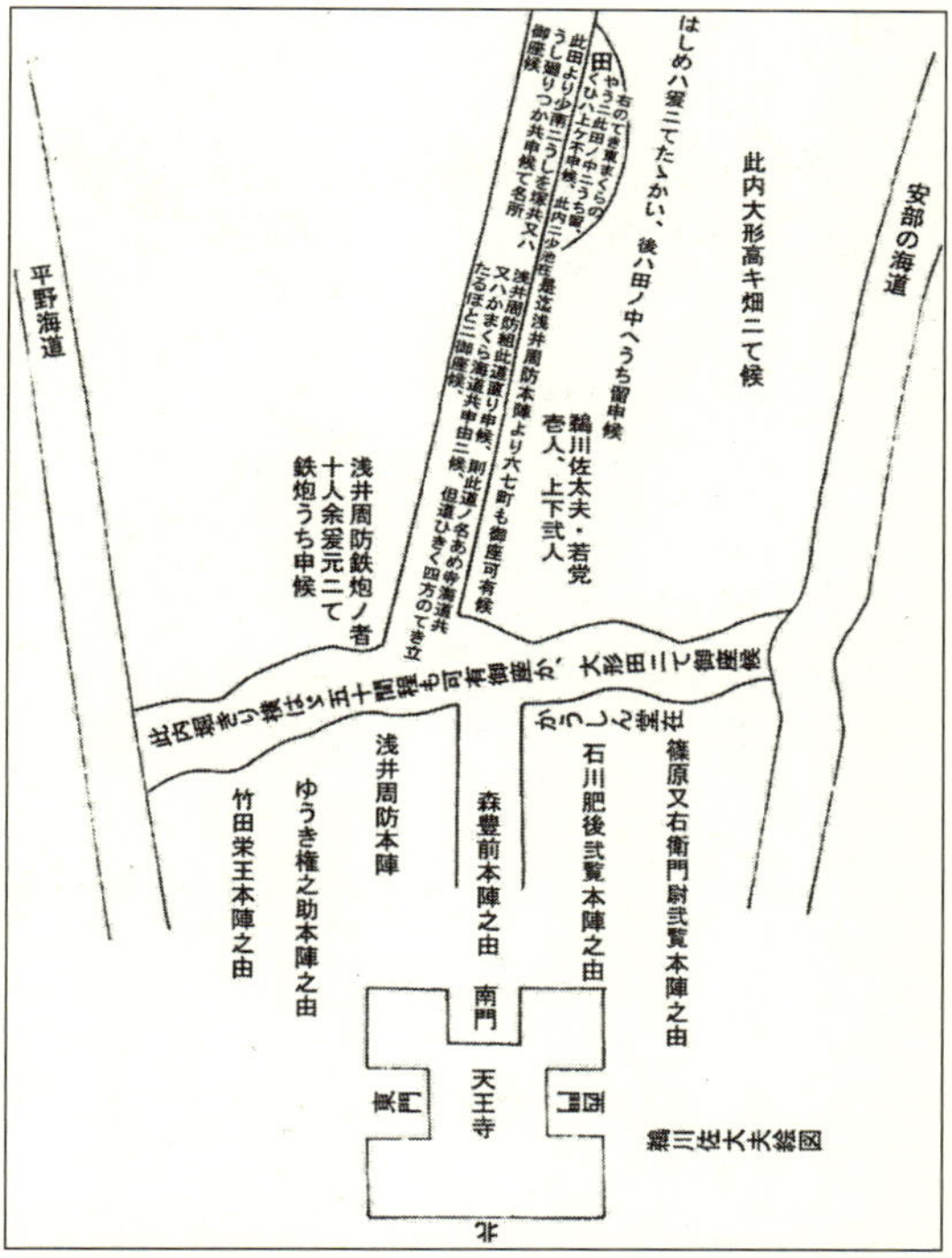

毛利勝永布陣図（『鵜川宗宥覚書』、『新修大阪市史』から転載）

開戦直前、大野治長の弟主馬治房は、「敵が押し寄せてきたという注進をたった今受け取った。しかし、卒爾《そつじ》に戦端をひらくことはよろしくない。真田、毛利と申し合わせて、敵を引き付けてから戦うべきである。船場へは明石（掃部）と道犬（大野治長・治房の弟）を差し向けた。そちらからの注進

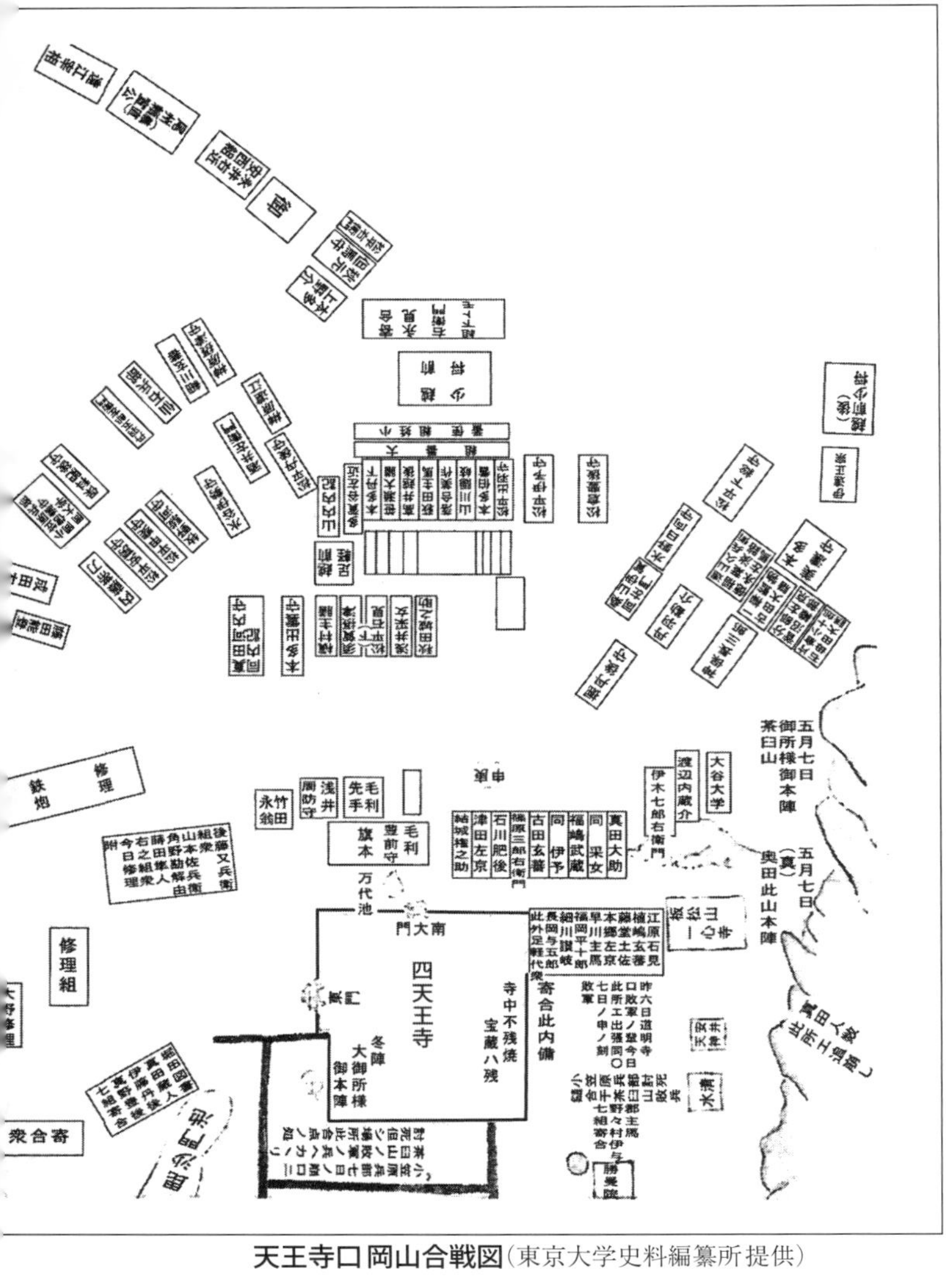

天王寺口岡山合戦図（東京大学史料編纂所提供）

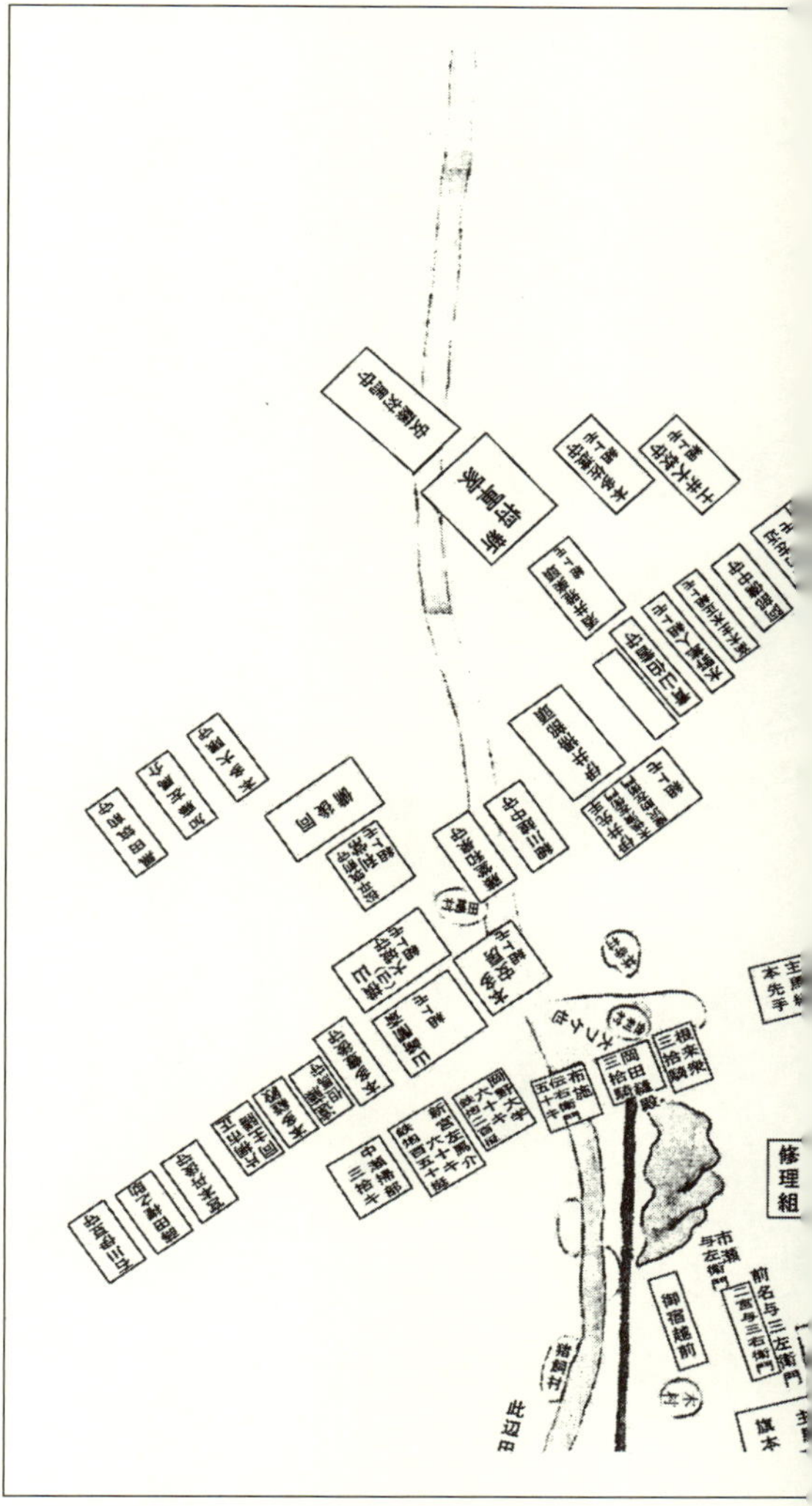

を待つ。くれぐれも慌《あわ》てて合戦をはじめず、真田、毛利との相談が大切である」といった主旨の書状を某に送っている。宛名はないが、内容から推して兄治長に宛てたものと考えられる。

岡山口へ進出した大野治房らと、天王寺方面に展開している大野治長、真田信繁、毛利勝永らとの間では、開戦直前までこうした書簡が交わされていた。

その使者のひとりとして、御宿勘兵衛は大野治房の命を受けて天王寺へ出張し、そこで越前勢によって討たれている。

天王寺方面の先手となったのは、本多出雲守忠朝。相備えは、秋田城之介実季、真田河内守信吉、同内記信政、松下石見守重綱、六郷兵庫頭政乗、浅野采女正《うねめのかみ》長重、植村主膳泰勝、目付である須賀摂津守から構成されていた。本多勢は夜のうちに八尾を進発して、四里ほど進んで天王寺に着陣した。この諸隊は松平忠直の軍勢に並んで、段々に備えを立てた。

戦端ひらく

『参考本多系伝』は、毛利勝永の旗指物を「黒半月一様」と形容している。あるいは、これは巷間《こうかん》伝わっている「鶴丸」あるいは「白地に黒き輪貫」のことを、「黒半月」と見誤ったのかもしれない。

杉助左衛門が記した『毛利豊前守殿一巻』によれば、この日の勝永のいでたちは、「甲は頭成ニ向竪銀之輪貫、又頭成黒キ獅角之甲をも御着之由、羽織者白綸子ニ紋黒キ輪貫、亦黒猩々緋赤キ輪貫之も御座候由」であり、また、その麾下は「旗ハ白地ニ黒キ輪貫、家中番指物も、金之輪貫」を用いていたという。

敵味方両陣はじわじわと近接しつつも、合戦の「潮目」を見計らっていた。徳川方でも命令があるまで弓鉄炮を撃たないようたびたび下知が行われていた。これは、毛利・真田両隊でも申し合わせていたことである。にもかかわらず、毛利方では先手がこらえきれなくなったらしい。藤堂家の記録『元和先鋒録』には、「毛利豊前守が先備より鯨波を揚申候て、鉄炮を打かけ申候」とある。藤堂高虎は「関ヶ原の折も敵から鯨波《げいは》をあげたが、先例にならい本日の合戦も勝利疑いなし」と味方を鼓舞《こぶ》した。

『元和元年乙卯歳大坂夏御陣松下石見守働之覚』には、「同七日、惣御先手本多出雲守殿に仰せ付けられ候、石見守儀、同日卯之刻に、天王寺表茶臼山右之方に組中より拾間餘張出、備えを立て申候、敵より鉄炮厳打ち懸け、下々共手負死人数多御座候事」とある。

真田信繁、大野治長、毛利勝永らの意図に反して、城方が先走って挑発行動に出たことは確からしく、真田勢の組下のうち、福島伊予・兵部、吉田、石川、篠原の諸隊もさかんに発

勝永隊に配属された秀頼馬廻衆の旗
（大阪城天守閣蔵）

砲をはじめたという（『左衛門佐伝記稿』）。

通説では、勝永の先手が発砲をはじめ、戦端をひらいてしまったため、信繁が企図した作戦が水泡に帰したとされている。しかし、本多勢、松平越前勢などの強引な進撃に、城方はこらえきれなくなり、一様に統制を乱したとするのが実態に近いようだ。

勝永勢に加わって戦闘に参加した福富茂左衛門は後に覚書を残している。それによれば、味方陣地の前方には麦畑がひろがっており、ここで「両度之せり合い」があった。

敵味方の間で鉄炮による「セリ合」が展開された後、先手同士の白兵戦がはじまった。『鵜川宗宥覚書』には、勝永ら諸隊の前面には、堀が穿《うが》たれていたとある。この堀については、かつての「あめ寺海道」である古道が今も存在しており、四天王寺南大門から現在の天王寺駅方面へ直進する道路を進むと、間もなくいったん深く下ってから上りになっている地形が体感できる。この凹部《おうぶ》は『鵜川宗宥覚書』に見られる堀の痕跡であろう。

勝永は采配《さいはい》をふるって、諸隊に出撃を命じた。勝永勢は「堀切」を「かけ越シ」て突撃したという。飛び越えたということではなく、出撃時に橋を架けて兵の往来ができるようになっていたのであろう。

緒戦で銃撃を開始した竹田永翁の隊は、小笠原秀政らの猛攻によってあえなく敗走した。勢いに乗じた小笠原勢は、勝永本隊へ攻撃を仕掛けた。そこへ、大野治長の隊が毛利勢の救援に駆けつけ、小笠原勢の右備えを衝いたため、両軍入り乱れての混戦となった。

本多忠朝の最期

本多忠朝は、冬の陣の折、家康から不興を買っていた。忠朝は自分の持ち場が主戦場とは離れているという不満があり、布陣の変更を家康へ願い出ていた。家康はそれを容れず、忠朝を叱責したのである。

徳川四天王のひとり本多忠勝は、後に「家康に過ぎたるもの」と評された武将であったが、家康は忠勝の息子である忠朝に向かって「出雲（忠朝）は父に劣りし者哉」と言った。忠朝はこれを口惜しく思い、兜をかぶって忍び緒を結んだ後、その端を切って、今度の合戦で討死すべしと覚悟していたという。

「（忠朝が）ふかく敵陣にすゝみ入て森豊前守勝永が兵と相たゝかひしに敵二十人ばかり鎗をとりてあらそひ進」んできた。忠朝は下馬して敵勢と渡り合い、ついに討死を遂げた。三十四歳であったという。忠朝に従っていた小野勘解由、大屋作左衛門、臼杵七兵衛、加藤忠左衛門、中根権兵衛、石川半弥、山崎半右衛門、大原長五郎、村越茂兵衛、青山五左衛門、土橋嘉兵衛、土屋太郎八、稲毛市郎兵衛らも戦死、負傷者も多数にのぼった。

本多忠朝の最期を、以下、『参考本多系伝』によって見てみよう。

忠朝は相備えが総崩れとなるのを見て、大いに怒り、「百里」という愛馬を駆って毛利勢の中へ乗り懸けた。勝永の部隊に加わっていた雨森伝右衛門、中川弥次右衛門、徳永甚右衛門以下七、八名が忠朝に殺到した。

その時、鉄炮足軽が放った二ツ玉が、奮戦する忠朝の腹中を貫いた。たまらず、馬から下りた忠朝は、おのれを撃った足軽を一太刀で斬り伏せた。

群がる敵と斬りむすび、二十カ所以上もの傷を負って、ついに力尽きた忠朝は、雨森伝右衛門によって討たれ首をとられた。旗指物は中川弥次右衛門が分捕ったという。

本多忠朝を討ち取った者については、諸説ある。有力なのは、詳細な覚書を残した鵜川左太夫で、彼は勝永の先陣に加わっていた。

毛利勢先手浅井周防隊に従軍していた鵜川左太夫は、「甲立物黒き鹿角黒具足」の武者と遭遇した。この鹿角の前立の甲、黒具足を着した敵に鵜川左太夫は苦戦を強いられた。敵は言葉をかけ、詰め寄ってきた。その時、左太夫の従者又市という者が背後へ回り込んだ。黒具足の敵が振り向いたところを、又市が喉《のど》のあたりを鑓で二度ばかり突いた。敵が高所の畑から下の田へ転落したところを、左太夫が二鑓つけた。

「その疵は左の内腿か尻のあたりかと覚え申し候」と、左太夫は書き遺している（『鵜川宗宥覚書』）。しかし、大坂方は敗軍ゆえ首はあげずに引き退いたという。後になって、敵を討ちとめた田を見に行ったところ、戦闘が行われた場所は横幅三間ほど、長さ三十間余りだったという。遺骸はまだ討ち捨てにした時のままであった。左太夫は敵の頭を街道側になるようにしてやった。

「左候ハヽ東枕にても候ハんと存事候」

神式では、死者を高所に頭が向くように、あるいは東枕になるように寝かせる場合がある。

戦後、本多忠朝の手に属していた山村角右衛門という者にこの顚末を話したところ、

「その武者は出雲守様（忠朝）ではないだろうか」

という話になり、人を介して本多美濃守の家中長坂茶利が伝え聞き、

「男ぶり武者のいでたち、黒甲に黒き鹿角の立物、黒具足鐺の手、最期の場所といい、本多出雲様に間違いない」

と、いうことになった。

本多忠朝の墓は、一心寺（大阪市天王寺区）にある。法名三光院殿岸誉良玄居士。忠朝に従って戦死した家士たちの墓も一所にある。

本多忠朝の墓（一心寺）

小笠原勢壊滅

天王寺表では、このほか、保科正光・正貞兄弟の軍勢が首級十四をあげたが、「家臣等数多討死す」とある。

保科勢の前方は深田であったため、保科正貞は下馬して、徒歩《かち》にて敵陣へ突撃した。しかし、敵の銃撃に遭い、味方を散々に討たれて後退した。そこへ、小笠原秀政が来合わせ、両隊合わせて三、四十名ほどの残存兵力をもって突撃を仕掛けた。この戦闘で、保科正貞は鎗創三カ所、銃創一カ所を受けた。

一方、保科勢以上に被害が甚大だったのは、これを救援した小笠原勢である。小笠原家では当主秀政と忠脩《ただなか》、忠真（当時は忠政）の二人の息子が従軍していた。『寛永諸家系図伝』によれば、騎兵二百五十余騎、歩卒三千人余で、他の諸将ともども将軍秀忠の先手として、天王寺前の阿倍野の道筋に進軍していた。四天王寺の前には堀溝が構築されており、ここで勝永、大野修理、竹田永翁らとの間で戦端をひらいた。

勝永は、旗を溝の後方に立て、先手を溝の前に出した。小笠原勢は、少し出張っていた竹田永翁の部隊を敗走させ、勢いに乗じて堀溝を回りこんで勝永本隊に横合いから殺到した。しかし、小笠原秀政の本隊が迫ると、大野治長の隊が右備えに攻撃を仕掛けた。その機に乗じて勝永は自ら兵を馳せて、大野隊と揉《も》み合っている小笠原隊の左側面を衝いた。秀政・忠脩父子は馬上から鑓をふるって奮戦した。忠脩は、馬上から突き落とされた。その体は「鑓三十本ばかり、串を貫きたるがごとし」という壮烈な最期だった。小笠原忠脩、二十二歳であった。

忠真は兄が落馬するのを見て助けようとしたが、敵に包囲され自身は窪みへ突き落とされた。この戦闘で忠真は深手四カ所、浅手三カ所の傷を被った。兄弟の父秀政とともども重傷を負って、家臣に助けられて久宝寺へ退いた。忠真は助かったが、秀政はその夜に落命している。四十七歳であった。小笠原勢は当主および嫡男が戦死し、家中も侍大将二木勘右衛門政成、小笠原主水佑《もんどのじょう》政直、島立内膳政継が討たれ、「二百五十騎の中で生きて帰るもの少なし」と『寛永諸家系図伝』は記している。

毛利勢は、秋田、真田、松平以下の備えを突き崩し、諸隊はたまらず松平忠直勢の右手へ敗走した。

毛利勢との戦闘で敗死した小笠原秀政・忠脩父子の後は、忠脩の弟忠真が継いだ。忠真は今回の戦いで七カ所の傷を負いながらも命をとりとめた。戦後、家康は二条城へ諸侯を召した際、忠真のいまだ完治していない傷を指し示し、「これわが鬼孫なり」と披露した。忠真の生母は家康の長男岡崎三郎信康の娘であったから、家康にとっては曽孫にあたる。この忠真が父兄の敵である毛利氏の旧領小倉に入封したのも歴史の皮肉といえよう。忠脩は国許に身重の妻を残しての出陣であった。しかも臨月であった。忠脩が戦死した十八日後、夫人は男子を産み落とした。この男子も祖父・父の奮戦によって、成長後、播磨で六万石、後に豊前中津で八万石を与えられた。戦闘では、勝永によって一敗地にまみれたものの、小笠原氏はその戦いぶりによって子孫繁栄の基をつくった。

毛利VS真田

五月七日昼にはじまった天王寺表における戦闘は、「東軍の先備粉の如く切崩せしは、真田が奇兵と毛利が正兵、両備の功にして、他の援なし、一旦平場の駈合に、天下の兵総崩れせしは、偏に真田毛利両氏が功ならずや」(『翁草』)という大戦果であった。

本多隊の右手には、真田河内守信吉・内記信政兄弟に率いられた真田勢があった。兄弟は、真田信繁の甥である。当時は、信繁の兄である伊豆守信之が真田家当主であった。関ヶ原合戦および大坂の陣では徳川方についていたが、この時、中風を患っており歩行がかなわず、療養中であった。かわって、嫡男で十九歳の信吉、次男で十八歳の信政を名代として出陣させていたのである。

原郷左衛門は、かつて真田昌幸に謀殺された海野能登守という者の孫で、姉婿である原監物に養育され、原姓を名乗ったという。荒々しい性格であったようで、親類中からも疎まれた存在であったという。そんな家中の空気をよそに、信吉の下で従軍していた郷左衛門は、味方の備えが崩れているのを目にし、馬上から「備えを堅固にするよう仰せ付けられたし」と放言した。

真田信吉は、「その方以外に誰があろうか。行って、下知せよ」と命じた。すると、郷左衛門は、馬から下りると、信吉の側に控える近習のところへ近寄って、

「そのタバコをくだされよ」

と声をかけた。近習は「これは殿様の御キセルである」と言って断った。

それを見ていた信吉は「苦しゅうない」と許可したので、郷左衛門はキセルを三度おしいただいて、半服ほど吸った。そして、鎧の袖にて吸口を拭ってからふたたびおしいただいてキセルを返し、涙をうかべながら信吉の前を辞去した。

その間にも真田先手は毛利勢の猛攻によって総崩れとなり、家中の討死が相次いだ。真田兄弟の後見役である矢沢薩摩守、根津主水、原郷左衛門らは前線へ馬を進めていたが、矢沢が馬をとめて、しばらく敵の様子をうかがい、「左手へ迂回しよう。後に続け」と二人に声をかけた。

すると、原郷左衛門は、

「おかしなことを言われる。座敷では、御家老であり殿様の叔父上であり大身であられる貴方の後におとなしくついてまわろうが、戦場ではそのような指図は聞きたくもない」

と言い放って、敵勢に乗り入れ、討死してしまった。

これを見た根津主水も矢沢のもとを離れ、敵と渡り合った後に討たれてしまった。

勝永麾下で戦った長井九兵衛(戦後、賀古次右衛門と改名)の覚書によれば、この時、戦場で渡り合い、討ち取った相手が「真田河内殿御内　原郷左衛門と申す仁の由」であったという。真田家でも五月七日の戦闘で討死した顔ぶれの中に、沼田衆として「原郷左衛門」の名が記録されている(『天桂院殿御事績稿』)。

また、長井九兵衛とは至近で、勝永の家老宮田甚之丞も真田勢と戦い、首級をあげている。これも長井の覚書によれば、「同(真田河内守)御内　真田内膳と申す仁の由」と記されている。この真田内膳に相当する人物は、真田側の記録には見出せない。

浅野長重隊も侍分三十余人、下々百余人を討たれて敗走した。

内藤忠興と松平康長とは相備えで、本多忠朝隊の後方に陣取っていたが、苦戦している本多勢に加勢しようとした。その時、内藤隊を急襲した毛利勝永勢を『内藤家伝』は次のように記している。

「森豊前が従軍二十人、素膚に玉襷をかけ（各甲ばかり着たり）、笛巻の鎗を一様に握て、忠興へ無二無三にかかる」

また、『慶長見聞集』は、「本多出雲組へ向かう敵は、森豊前也。此敵殊の外強くして、出雲一組の味方秋田城之助、真田河内、六郷兵庫、須賀摂津守衆を突き崩し、浅野采女家来も大勢爰にて討死」したと記して、毛利勢の強悍《きょうかん》ぶりを伝えている。

真田隊の突撃

天王寺方面については、真田信繁の目算がことごとく狂う開戦のかたちとなった。しかし、この天性の闘将は、勝永の敢闘を目にし、一子大助を呼び寄せ、これに何事か言い含めて城へ戻した。『武辺咄聞書』によれば、これは秀頼出馬に備えた人質のつもりであったという。

そして、おのれは敵の備えが乱れた今を好機ととらえ、騎兵をもって敵中へ突撃した。真田の赤備えが密集する様は、「さつきつゝじの花盛」のようであったという（『武辺雑談』）。

信繁麾下三千の真田勢の突撃は、家康の心胆を寒からしめた。真田勢は三度まで家康本陣へ攻勢をしかけ、家康を追い詰めた。しかし、態勢をたてなおした越前勢などが真田隊へ反撃を加え、次第にその勢いを削いでいった。

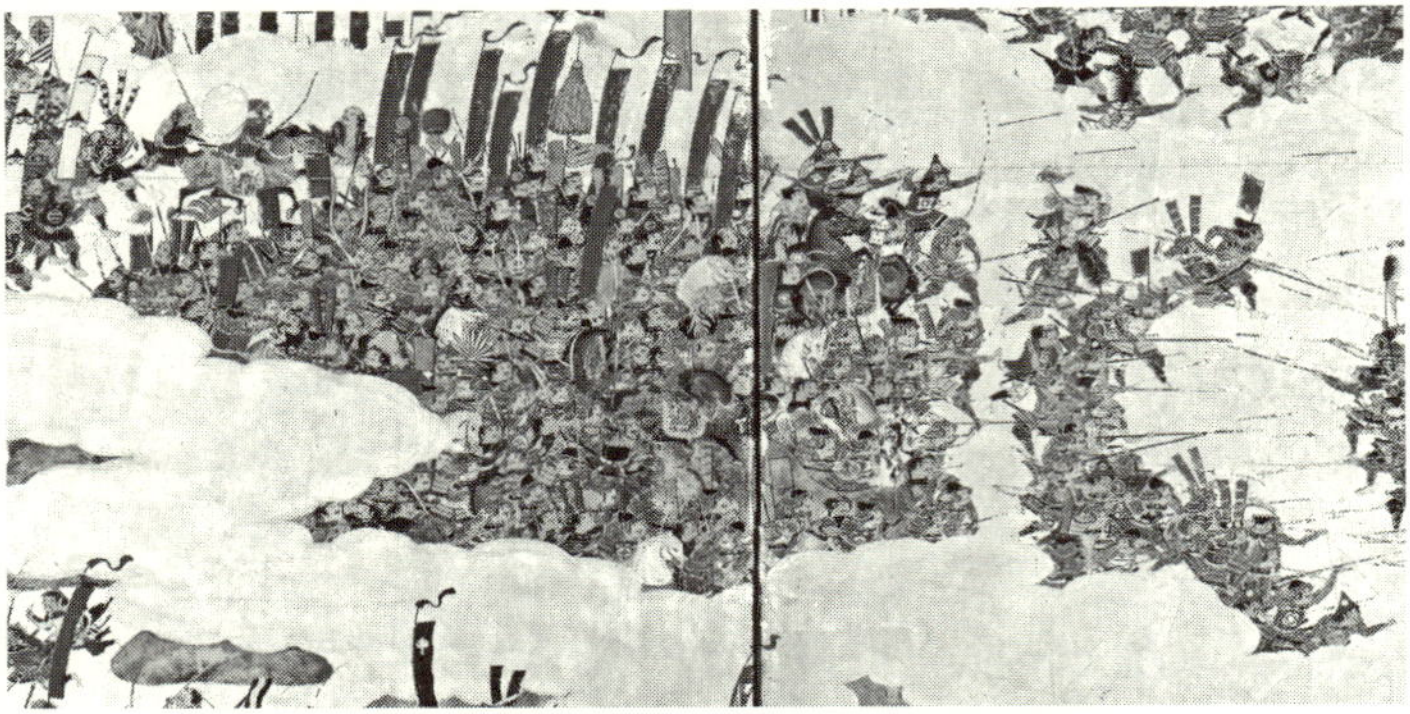

勝永と共に家康を追い詰めた真田信繁隊
（「大坂夏の陣図屏風」部分・大阪城天守閣 蔵）

再戦直前の三月十九日、信繁は信濃真田家の家臣小山田壱岐守、同主膳に対して、次のように書き送っている。

「さだめなき浮世ニて候へば、一日さきハ知らざる事に候。我々事などハ、浮世にあるものとハおぼしめし候まじく候」（「小山田文書」『大日本史料』）

小山田は信繁の姉婿である。

同様の趣旨の書状を、信繁は娘婿石谷十蔵にも書き送っている。

「我等籠城之上ハ、必死に相極まり候間、此世にて面談ハこれ有る間敷候」（「石谷文書」『大日本史料』）

信繁の首は松平忠直家来西尾久左（仁左衛門宗次）が獲った。享年四十九と伝わるが、近年、信繁の生年に関する見直しがすすんでおり、実際はもう少し若かったと考えられる。この時、信繁に従っていた大塚清兵衛、高梨主膳、海野小平太、望月善太夫、根津小六、山岡軍平、柏田玄仲らも討たれている。彼らはいずれも信濃からつき従ってきた者たちだった。

真田隊はほぼ全滅に近く、「家康卿御馬印臥せさする事、異国は知らず、日本にはためし少なき勇士也、不思議なる弓取りなり。真田備え居る侍一人も残らず討死させる也。合戦終わりて後に、真田下知を守りたる者天下に是なし、一所に討死させるなり」（『山下秘録』）という記録が残るのも、その戦いぶりの凄絶な様がうかがえる。

また、『大坂御陣覚書』は、「茶臼山より庚申堂まで備えたる真田が勢一刃も合わず押し立てられ、右往左往に崩れ行き、真田踏み止まり防がんとすれども叶わず、安居の天神まで押し立てられ、城へ駈け入らんとしけるを越前勢追いかけ、真田ついに西尾仁右衛門に討たれ候」と、終始、寄せ手が一方的に真田勢を圧倒しているように記しているが、これは諸家の記録とも矛盾する。おそらくは、信繁の家康本陣突撃の試みが頓挫《とんざ》し、攻守ところを変えた局面のみを取り上げたものであろう。

いずれにせよ、正午に戦端がひらかれた天王寺の合戦は、信繁の戦死、真田隊の壊滅をもって、城方の攻勢のピークが終わった。時に午後三時頃のことである。

勝家、初陣

勝永の嫡男式部勝家にとってはこの大坂の陣が初陣であった。十六歳になっていた勝家は、敵の鎧武者と渡り合い、これを討ち取っていた。勝家は斬り落とした首級を父の実見に供しようと本陣へ持参した。勝永は息子の働きを見事であると褒《ほ》めた後、次のようにいましめた。

「だが、その首は捨てよ。この後、敵を討ち取っても、首はとらずともよい。すべてそのまま討ち捨てにするのだ」

勝家はかしこまってふたたび前線へとって返した。その背中を見送っていた勝永は、

「惜しき者よ」

と、つぶやいた。

勝永が言った「惜しき者よ」とは、敗色濃厚な今度の合戦において、最期の時が次第に迫っており、若い勝家をその道連れにしなければならないことを悲しむ気持ちから出た言葉だろうか。初陣で鎧武者を討ち取る手柄をあげ、興奮して父のもとへ首級を持参した勝家を、勝永は褒めた上で、静かに言い諭す。息子は素直に父の言いつけを守り、ふたたび前線へ飛び出していく。父子の短い応酬は、殺伐とした戦場で、よほど印象に残ったのであろう。その場に居合わせたと思われる勝永の家臣杉五郎兵衛が語ったとして、その息子助左衛門が後年

まとめた『毛利豊前守殿一巻』に出てくる話である。

家康本陣へ迫る

毛利勢の猛攻によって、寄せ手は次々に打ち破られていった。幾重もの壁を突き崩した勝永の先鋒は、ついに家康旗本を視認するに至った。

報告を受けた勝永は、住吉の方角に白旗が翻《ひるがえ》っているのを確認した。とうとう家康本隊が露呈したのである。

あれこそ家康本陣であると思った勝永は、強壮なる兵士百人余りを抽出し、長駆、これに突撃を敢行しようとした。

当時の情報を宣教師が次のように記している。

「正午を過ぐること二時間にして、両軍は戦闘を開始せり、先頭には真田及び他の一司令官森の豊前あり、言ふべからざる勇気を以て戦ひ、三、四回激しく敵を攻撃したれば、将軍は次第に敗退し、其部下の多く列を乱して逃ぐるを見、退却の準備を為し、自ら敗走者の後を追はんとせしこと数回なりしが、常に引き止められたり、又、内府も失望に陥り、日本の風に依り、其腹を切らんとせし由、確なる事として伝えらる」(「一六一五年及び一六一六年耶蘇会のパードレ等より同会の総長に送りし日本の年報」）

真田・毛利勢の猛攻を受け、家康本陣も旗印が倒されるほど混乱をきたし、家康は、一時は自決を覚悟したほどだという。

「家康卿御馬印臥せさする事、異国は知らず、日本にはためし少なき勇士也」と『山下秘録』は記している。痛打をくらった家康本隊は、防御のための備えを厚くした。

突撃態勢をとろうとする毛利勢の動きはただちに徳川方でも気づき、即座に旗を巻かせて茶臼山の後方へ控えさせたと『常山紀談』は記している。また、『武家事記』によれば、家康の馬廻小栗又市に命じて、旗を伏せさせたという。

間もなく白旗は毛利勢の視界から消えてしまった。勝永は家臣長井伝兵衛、水野猪右衛門の両名に命じて偵探させたが、両名は馬を返して「住吉に白旗は見えず」と報告した。白旗を見失った毛利勢はやむなく手前の寄せ手へ取り懸けた。勝永による家康本陣突撃は、未発に終わった。

あるいは、勝永の部隊も家康本陣を急襲したが、すでに真田隊によって蹂躙《じゅうりん》され、家康以下旗本が逃走した後だったとする説もある。

山鹿素行は、「今日七日、城兵各力戦之内、森豊前守と真田左衛門佐両人比類無き働き也」と記している。また、神沢貞幹はその著『翁草』において、「大坂御陣論」を立項し、「落城前に東軍の魁を切崩せしは毛利豊前守、御本陣を襲しは真田なり、此毛利真田が驍勇最賞すべし」と評している。

「毛利壱岐守が子なり」

この時の毛利勝永の奮戦ぶりを評する黒田長政と加藤嘉明の述懐が、逸話として諸書に収載され、巷間に伝わっている。

黒田長政が戦場を眺め、横にいる加藤嘉明に尋ねた。

「金ノ輪抜の旗指物の城兵がもっとも力戦しているが、あの大将は誰であろうか」

すると、加藤嘉明は「毛利壱岐守が子なり」と答えた。長政は驚いて、

「ついこの間まで幼若の者と思っていたが、武略に練達した大将となったものよ」

と、感嘆したという。

黒田長政は、勝永の父吉成と同じ豊前国を分けあって統治していたことがある。修験の聖地・彦山の統制にあたっては、敵対関係となった因縁の相手である。そして、小倉城を開城させ、毛利氏を改易に追い込んだのが、長政の亡父黒田如水であった。

ところで、二人の大名が乱戦の中、こうした会話をすることなどあったのだろうか、とい

黒田長政像（福岡市博物館 蔵）

うことが問題になる。逸話であるから、実際に行われたやりとりかどうかはわからないのであるが、黒田勢と加藤勢は崩れかけた家康旗本衆を守るため加勢を請われた。こうした際、大名をその手勢ごと旗本衆の陣地へ迎え入れるのははなはだ危険と言わねばならない。いつ大名の下知が下され、徳川の旗本衆へ襲いかかり、家康の命を奪うやも知れないのである。おそらく、黒田・加藤の両名は自軍の指揮を部隊長に任せ、自身はわずかばかりの供回りを連れたのみで、家康の面前に伺候したのではないだろうか。こうした動きがあれば、黒田長政と加藤嘉明との間に前述のような会話がなされても不自然ではない。

また、『大坂御陣覚書』には、「加藤左馬助（嘉明）、黒田筑前守（長政）、細川越中守（忠興）、冬の陣には江戸または本国に残し置かれ、此度は無勢にて御供に召し連れられ候」とあるように、豊臣恩顧の大名たちは少数の手勢のみを引き連れての従軍を許されていた。

黒田、加藤ともに秀吉子飼いの武将といってよく、豊臣政権の全国制覇のために手足となって働いた。それが、秀吉没後、彼の遺児と巨大な作品である大坂城を攻める側に回っているとは、歴史の皮肉といってよい。豊臣恩顧の武将たちは、複雑な思いで参陣していただ

本多忠朝と毛利勢（「大坂夏の陣図屏風」部分・大阪城天守閣蔵）

ろう。この時の、黒田・加藤の戦場における応酬には、家の保全や権力のしがらみとは遠く隔たった立ち位置にある勝永の活躍を羨《うらや》ましくも思い、また、本来ならば自分こそが大恩ある秀吉の遺児秀頼を擁して、大坂城に拠って天下の軍勢を相手に一戦すべきだったという、忸怩《じくじ》たる念も一瞬脳裏をかすめたかもしれない。

黒田家で製作されたという「大坂夏の陣図屏風」の中央には、鹿角の黒具足をまとった武者が群がる敵に応戦しつつ、ついに討ち取られる場面が描かれている。この武者は、本多忠朝であり、群がる敵兵たちのほとんどは、毛利勝永勢と見なしてよかろう。壮烈な討死を遂げた本多忠朝がスポットライトを浴びるような立ち位置にあるが、黒田長政が賞賛したという毛利勝永とその麾下の戦いぶりを画幅に描かせた、という想像も赦されるのではないだろうか。

一方、細川家では、後年編纂した『綿考輯録』において、七日の戦闘に関して次のように記している。

「大坂方が茶臼山から岡山あたりまで軍勢七、八万にて寄せてきたところで、こちらも人数を立て、合戦を仕掛けたところ、戦闘は数刻に及んだ。半分は御味方、半分は大坂方の勝ちであったが、御味方の人数が多かったために勝利することができた。しかし、この戦闘で本多雲州（忠朝）は討死、小笠原兵部殿（秀政）も手負いなされた」

これは、五月七日当日、細川忠興が国許の忠興三男忠利および家中に書き送った書状の内容の一部である。毛利の名こそ記してはいないものの、本多忠朝、小笠原秀政、いずれも毛利勢との合戦で討たれた者たちであった。

これらの激闘が展開していた最中、毛利、真田と共闘していた大野治長はかねて打ち合わせたとおり、豊臣秀頼の出馬を請うべく、いったん城へ退いていた。真田信繁もまた、一子大助を城へ戻し、証人の態にして、秀頼の出馬に備えさせた。

しかし、大野・真田らの願いは叶えられず、秀頼は美々しく飾った武装に身を包んで桜門まで出張ったが、味方の敗色濃厚となり、速水甲斐守が押しとどめてついに出馬することはなかった。

第八章　大坂落城とその余波

勝永、最後の反撃

正午よりはじまった戦闘は実質三時間余りで大勢が決した。天王寺口、岡山口ともに城方は敗れた。軍勢の態をなしている毛利勝永勢へは、やがて井伊、藤堂という最強二軍団が差し向けられた。井伊直孝、藤堂高虎は前日の若江の合戦で木村重成、長宗我部盛親らを破っていた。しかし、長宗我部勢との交戦で、高虎は部隊長を多数失っており、家康に乞うて本日の先手からはずしてもらっていたのである。

藤堂高虎は、家康を別格とすれば、夏の陣の参戦武将中、歴戦の古強者《ふるつわもの》といってもよい。一方、井伊直孝は先代直政の次男である。病弱な実兄にかわって出陣したが、戦歴は皆無といっていい。しかし、その麾下には戦国の生き残りである猛者が揃っていた。その井伊の旗奉行をつとめる広瀬左馬助、孕石《はらみいし》備前の両名は甲斐武田の遺臣である。織田信長によって武田氏が滅ぼされた後、遺臣の多くが徳川家康に召し抱えられた。その中から選りすぐった者たちを、家康は井伊直政に附属せしめた。いわゆる「井伊の赤備え」の誕生である。

その井伊・藤堂の進撃に気づいた勝永は、退却中であった全軍に反転を命じた。

勝永が反撃を企図したのには、敗走してくる味方のために城への退却路を確保する目的もあったろう。

こうした目配りのよさは、秀吉の使者として各方面へ奔走していた頃に培《つちか》われた勝永の資質であるといえよう。将官を失って、敗残兵となった城方は各処で捕捉され、討たれていたが、ひとかたまりになって抗戦を続けている毛利勢のおかげで城の方向へ脱出していった。城方の退路は二筋に分かれており、一筋は冬の陣の折、真田丸を攻撃するために諸隊が築いた築山の東から清水口へ、もう一筋は築山の西から藤坂を経て黒門口へ逃れたという（『新東鑑』）。

自ら盾となって退却路を守っている毛利勢に、やがて加勢する隊もあらわれた。大野治長、浅井周防らの隊である。そのほか、浮勢（遊撃軍）となっていた味方も参集してきた。井伊、藤堂軍の猛攻にさらされ、満身創痍《そうい》の毛利勢を中心に、大坂方は最後の反転攻撃に出る。

藤堂方の記録には、「敵将真田幸村は既に陣亡し、毛利勝永も退きたるに、猶も大銃を放ち取て返し、味方又崩れたる」（『高山公実録』）とある。

井伊勢も、毛利勝永やこれに加勢した城方残存兵力と交戦し、大損害を被っていた。この戦闘中、事もあろうに、井伊勢の旗奉行広瀬、孕石が討たれた。旗奉行の二人ともが戦死してしまったため、井伊勢の指揮系統が乱れ、城方に捕捉されて死傷者が続出した。

井伊勢のもとで戦った福富七郎兵衛は、前線から引き上げてくる際、広瀬左馬助の討死した姿を目撃している。広瀬の首級は奪われており、刀や指物もなかったが、具足に見覚えがあったため、福富は広瀬だと確認した。広瀬の遺骸にとりすがった福富は、さらに周囲に孕石備前、仁井己作左衛門、藤島太兵衛らが倒れているのを発見した。福富はちょうど来合わせた使番の小幡又兵衛に、広瀬らの死骸を引き渡そうとした。小幡は使いの途中であったため、召し使っている久市という者に後事を託した。

藤堂勢も敗走し、その惨状を目の当たりにした高虎は「歯噛みをなし、大いに怒り給い、敗走の者は射殺すべし、射よ、射よと馬上弓の者共に下知をなし、おめきさけん」だという(『高山公実録』)。藤堂方は坂井直義、堀信家、岡本安貞、中小路宗久の四騎が踏みとどまって戦い、「藤堂の四本槍」と呼ばれる獅子奮迅の働きによって、かろうじて総崩れになるのをまぬがれた。

やがて、藤堂勢のほか、井伊、細川などの人数が勝永勢へ鉄炮による射撃を集中させる。それを機に、勝永は味方に総退却を告げ、全軍は「引足」に移った。

井伊、藤堂、それに細川も加わった敵勢をあしらいつつ、勝永は野中の観音堂の東から小《お》橋野《ばせの》という所を通過して城へ引き退いた。現在では「小橋町」という地名が残っている。「野中の観音堂」とは、難波寺(現・大阪市生野区巽北)の別称で、以前は大阪市天王寺区東高津野町付近にあった。ここは、勝永が最初に陣地を布いた四天王寺と大坂城とのほぼ中間地点にあたる。

退却に移った毛利勢に、今度こそとどめをさすべく、藤堂勢が猛追したが、そこに勝永が用意した「置き土産」が待っていた。

この時、藤堂側の記録に毛利勢が使用した「埋火」というものが登場する。勝永は、物頭に命じて退却路の堤の瀬戸に、火縄がついた薬箱を並べ置かせた。やがて、追撃してきた敵勢の前でそれら無数の薬箱が爆発し、「関東勢何れも崩れ候由」という状況となった。岡山口方面でも「埋火」が使用され、「御旗本騒動いたし候」と『武徳編年集成』が記している。藤堂家では、地名を間違えているのではと疑いをはさんでいるが、おそらく城方の諸隊が準備していたものであり、天王寺口のみで使用されたのではなかっただろう。

大坂城桜門

真田勢が壊滅した後、敗残兵を収容しつつ勝永は城へ引き取った。この折のことを勝永旧臣たちが書き残している。

「豊前備えより西の方にあかねに題目の紋の幟《のぼり》が見え、敗軍となり、豊前守も城中へ引き取られた」(「福富茂左衛門覚書」)

勝永の周囲にはわずかに十騎ばかりが従っているに過ぎなかった(「長井九兵衛宛毛利善四

郎祐時書状」）という。この時、勝永の配下である長井九兵衛、水野猪右衛門の両名が「桜之門」のところで敗兵収容にあたった。桜門は現在の大坂城正門である。しかし、徳川家による築城で場所などは秀吉時代から変更されており、名称のみを継承している。

徳川勢の追撃を見越して、桜門は海老鎖をおろして閉ざされたため、城内に戻れない兵たちも多数あったようである。

天王寺方面から生還した大将分は、大野治長、竹田永翁、そして毛利勝永らで、明石掃部はおそらくは帰城しておらず、戦場で討たれたとも行方不明になったともいわれている。岡山口方面からは、大野治房らが帰還した。治房はその後、秀頼の嫡男国松を擁して城から脱出を図った。

細川忠興は、大坂方惣敗軍について、次のように記している。

「大坂方も今日を限りと働き、敵味方互いに死傷者が多く出たが、ついに味方は城方を追い立て、勝敗は決した。これ以前に、秀頼公が御出馬なされたという報告があったが、真田幸村もすでに討死し、諸口の支えも危うく見えたので、本丸へ引き返し、間もなく城方は惣敗軍となった」（『綿考輯録』）

一部の兵は城内に入ることもかなわず、あるいは散り散りになり、あるいはその場で自害したという。

寄せ手に加わっていた細川忠興が、五月七日に国許へ書き送った書状には、申の下刻（午後五時過ぎ）に大坂城天守から火の手があがったと記されている。それでも、忠興の脳裏には大坂方の奮戦ぶりへの思いが過半を占めていたらしく、「半分は味方が、半分は大坂方が勝利したけれども、味方の人数が多かったために最終的にはわれらの勝利となった」という意味のことを書いている。とりわけ、本多忠朝の討死、小笠原秀政らの戦傷（当日夜に死去）には衝撃を受け、「この惨状から今度の戦いの激しさを推量してほしい」と忠興は訴えている。忠興書状には、毛利勝永の名はあがっていないが、本多、小笠原が討たれた戦闘の激しさについては繰り返し述べており、その敵方が毛利勢であったことはまぎれもない。

勝永につき従った者たちの中には、退却の際に主人と袂を分かった者もあった。

『土屋知貞私記』は、「新参ニ籠、七日ニ城ヲ出ル者」の中に、宮田甚之丞、賀古次右衛門の両名を記している。

毛利豊前家老後松平伊豆守召抱　宮田甚之丞
毛利豊前組尾張殿被召抱病人故牢人ニテ于今存生　賀古次右衛門
初永井九兵衛

宮田甚之丞は後述するように勝永から形見の品を託されており、いったん土佐へ落ちたと考えられる。また、賀古次右衛門こと永井（長井）九兵衛は、勝永が突撃を敢行するべく、家康本陣を探らせた家臣のひとりであった。

秀頼自害

家康の孫で秀頼の正室である千姫が、城を出て徳川本陣へ送り届けられた。大野治長らは千姫による助命の嘆願に望みを繋いでいた。

豊臣秀頼像（東京芸術大学蔵）

真偽のほどは分からないが、細川家の記録によれば、家康は秀頼・淀の方の母子を助命するつもりであった。一説には家康は秀忠に母子の処断を任せたとされている。しかし、秀忠は「早々腹を切らせ候へ」と命じたという。五月八日、なおも使者が陣所と城内を往復するうちに、警固の者が突然発砲した。これによって、助命の件は偽りであるかと覚悟を決めた秀頼以下、淀殿やお供の者たちも自害してしまったという。

秀頼の介錯をしたのは毛利勝永であるという説がある。『井伊年譜』には、「秀頼卿二十三歳、毛利豊前介錯」と記されている。そのとおりであったならば、勝永は、秀吉が秀頼のために遺してくれた良臣であった。そのような「譜代の家臣」に介錯されるというのは、秀頼にとってはせめてもの慰めとなったであろう。そして、勝永にとっては、豊臣家譜代に課せられた「役目」を全うしたといえよう。それは、自身を取り立ててくれた秀吉の遺児秀頼の介錯をし、その最期を見届けるというものであった。

一方で、他の文献では秀頼の介錯をしたのは大野治長であったり、速水甲斐守であったりと説が分かれる。『豊内記』によれば、秀頼は本丸に残った二十八名に、一人一人声をかけ、速水甲斐守に母淀の方の介錯を、氏家行広に自身（秀頼）の介錯を命じた。そして、「毛利豊前守は幼き子どもを殺すべし」と命じたとある。

伝淀殿像（奈良県立美術館蔵）

たしかに、秀頼の介錯をしたのは勝永とする説もあるが、秀吉以来の譜代という「由緒」があったとしても、大坂夏の陣当時は一介の牢人者に過ぎず、「新座衆」として区別されていた。側近を差し置いて、「新座衆」のひとりに秀頼介錯の役目を負わせるとは考えにくい。

細川家の記録では、五月八日に山里御矢蔵にて自害した面々として、「秀頼様、御袋様（淀殿）、大野修理、速水甲斐、永翁（竹田）」

の名をあげ、このほか三十人ほどが御供したが、個々については誰であったかはわからないとしている。十一日に細川忠興が国許へ送った書状にも「大坂衆誰々相果候も、たれ〱たすかり候も知らず候事」と記されている。ただし、前の書状には書けなかったが、と断って「小笠原兵部殿、同信濃殿討死ニて候、笑止千万ニ候事」と書いている。なお、大野治長の兵が弱かったということを忠興は強調しており、十一日付、および十五日付の国許宛の書状でそのことについてふれている。

日を追うにしたがって次第に情報が集まってきたようで、四日前の書状では「誰が死んで誰が生きているのかわからない」と書いていたが、十五日の書状には別紙が付けられており、ここには秀頼以下、自害したとされる者の名が列挙されている。

五月八日未刻御切腹、秀頼様、御袋様、大蔵卿殿、右京大夫殿、三位殿、韓長老、速水甲斐守時之、同おてき甲斐守子、津川左近、大野修理治長、同信濃守修理子、毛利豊前、同長右衛門、竹田左吉三信、堀対馬守、氏家内膳入道道喜、伊藤武蔵弥吉二番子、とい勝五郎、高橋半三郎、同三十郎、森嶋長次、片岡十右衛門建部子、加藤弥平太建部子、竹田永翁梅松軒子、はい原八蔵次郎左衛門子、同三十郎、小室義兵衛、あさい喜八郎、同半兵衛、寺尾小右衛門、真田大助

千畳敷にて切腹の者、真野蔵人、野々村次兵衛、堀田図書、

この忠興の書状に付けられた別紙の情報源は、城方が秀頼助命の交渉の過程で、矢倉内に居る者の名を記した書き付けであると考えられる。また、速水甲斐守の箇所には「秀頼公御介錯」とあるが、これは後に細川家で家史編纂が行われた過程で、伝聞情報を盛り込んだ加筆と思われる。同様に、真田大助の箇所には「左衛門佐幸村子幸昌」、毛利豊前守の箇所には「勝永」と注記されているのも、後世の軍記類を参照したものと考えられる。本書序章でもふれたが、同時代史料で「勝永」と表記するものは見当たらない。

この名簿で不審なのは、顔ぶれの中に「韓長老」とあることで、これは方広寺梵鐘の銘文を撰した南禅寺の文英清韓のことである。彼は落城時に脱出したが、後に京都所司代に捕らえられ、身柄を拘束され駿府へ護送された末に、元和七年（一六二一）に亡くなっているので、明らかにおかしい。

また、「あさい喜八郎（浅井井頼・京極作庵）」も生存説がある人物である。要するに、この書き付けは大坂方が徳川方との交渉開始時に提出した、いわば「名簿」であって、実際に自害して果てた顔ぶれとは異同があるかもしれない。この細川家の加筆では、速水甲斐守が秀頼の介錯をしたことになっているが、介錯をしたのは勝永や別の人物であるとする説もあり、

これも不確かである。しかしながら、いくら豊臣家譜代であったという経歴を持っていたとはいっても、牢人衆として召しに応じた毛利勝永より、れっきとした現役の豊臣家家臣である速水甲斐守などのほうが介錯の役目には相応しいような気がする。

大坂城内で秀頼に殉じた顔ぶれは諸書において異なっており、たとえば『慶長見聞書』には、勝永父子の名は記されていない。

勝永戦死説

一方、勝永は城内で自刃したのではなく、城外で討死したらしいと伝えているのが、『萩藩閥閲録遺漏』に収録されている毛利秀元書状である。当時、家康・秀忠の信任を得ていた秀元は、本家の輝元を差し置いて夏の陣に従軍していた。戦後、秀元は国許の老臣たちに宛て、「秀頼様、御袋様、御城の内焼け残りの所に御かくれ候て御座候を、八日の朝、片桐市正見つけられ注進申し上げ候につき、井伊掃部・酒井左衛門御検使に遣わされ、御腹召され候、大野修理、同息信濃、早見（速水）甲斐、竹田永応、其の外廿四五人同所にて相果てられ候」と記した後、真田信繁、長宗我部盛親、後藤又兵衛らの最期について記し、「森豊前、勘解由は討死申由候」と報じている。討死というのは、あくまで伝聞情報に過ぎないが、城内で自害した面々とは明確に区別しており、何らかの記録をもとにしているのかもしれない。

また、松平定綱の配下に城内で討たれたという記録もある（「大坂夏御陣之事書抜」）。それには、「放火之内ヲ御駈回リ終ニ森豊前ト申者ニ御出相鑓ヲ以御突伏候処へ萱谷左太夫相従テ首ヲ取指上申候」と記されている。これは、七日の晩の出来事ということになっており、八日のいくつかの交名に秀頼につき従っている顔ぶれとして、毛利父子の名があることから、松平家の記録とこれらの交名の間には矛盾が生じる。一方で『慶長見聞書』のように城内で自害した面々の中に、毛利父子の名が記載されていない史料もあり、城内自害説、戦死説ともに情報が錯綜している。

豊臣秀頼の遺骸というものは確認されていない。ただし、昭和五十五年五月、大阪城北側外濠《そとぼり》にあたる箇所から、成人男性の頭骨が発見された。これこそ豊臣秀頼の頭蓋骨ではないか、とニュースにも取り上げられた。しかし、問題の頭骨の発見場所は、秀頼・淀殿が最後に逃げ込んだ山里曲輪《やまざとくるわ》があったとされる所から外濠をはさんで直線距離にして七百メートルほど隔たっている。つまり、これが秀頼の頭骨であるとするなら、城内から何者かが持ちだして埋葬したとしか考えられない。その首級を運んでひそかに隠したのが、毛利勝永ではないか、とする推測もされているが、証拠はない。

そして、現在のところ、毛利勝永の公式な墓はない。強いて言えば、昭和五十三年七月

大阪城にある「淀君並殉死三十二名忠臣慰霊」の石銘版

三十日、秀頼母子とそれに殉じた将士、女性たちを祀った観音堂が城の西北隅、山里曲輪があったとされる一角に建立されており、ここにある「淀君並殉死三十二名忠臣慰霊」という石板銘に、毛利勝永と息子長門（式部勝家）の名が刻まれていることぐらいである。大阪周辺には、後藤又兵衛、木村重成、薄田隼人、塙団右衛門らの墓あるいは供養塔が存在する。また、畿内を中心として西日本には、真田信繁、長宗我部盛親、明石全登らの供養塔も点在している。しかし、大坂城の五人衆とも称された者の中で、勝永のみが表向き、墓所や供養塔がもうけられていない。これは、戦場で討たれたり、戦後に処断されたりした者たちとは異なり、大坂城内で死んだという状況に由来するのかもしれない。そう考えると、大坂城そのものが秀頼、淀殿はじめこれに殉じた毛利勝永らの巨大な墳墓である、といえそうだ。

勝永の遺品

毛利勝永の遺品は多くはない。山内家に伝わっている兜、太刀、陣羽織は大坂城に入った勝永が家臣に託して土佐に残った一族に贈ったとされている。

勝永の遺品である水牛の兜と太刀は、山内家の土蔵から発見された。兜を包んだ袋には、慶長二十年五月七日、大坂落城の際、勝永が、兜および羽織を形見として家臣宮田甚之丞に託して土佐に残った一族に伝える、という意味の由緒書がしたためられていた。

佩刀は、「応永年間（一三九四～一四二八）信光作の名刀である」とされている（「高知新聞」昭和二十八年五月八日）。なお近年、勝永の佩刀については関兼常（後述）とされているが、二振存在するのか、同一のもので前説が修正されたのか、そのあたりの事情はよくわからない。

陣羽織は、勝永所用として知られるもので、秀吉、あるいは秀頼から拝領したものであるという。丈は一一〇・〇センチ、肩巾は五六・〇センチ。袖なし、裾開きで背割りを入れた仕立て、地は緋羅紗《ひらしゃ》、背中に丸に「大」の字を黒羅紗で切付け、袖ぐりに黒羅背板《くろらせいた》と黄羅紗の波形を化粧袖ふうに付け、裾には金唐革の渦巻文様を配しており、陣羽織の形状や大胆なデザインからも桃山時代の特色がうかがわれる（『土佐藩主山内家歴史資料目録』）という。

兜は「白糸縅《おどし》水牛兜」といわれるものであるが、実際の水牛の角を使用したものではなく、張懸によってかたどったものである。内鉢と眉庇《まびさし》、吹返、錣《しころ》は鉄製で、上部の張懸部分を支えている。全体は銀箔押しがほどこされ、実際の水牛の角を彷彿《ほうふつ》とさせる形状になっている。前立は失われているが、箱書には「毛利豊前守勝永着用、水牛兜一、云々」と墨書されている。

この兜は、明治二十五年（一八九二）、毛利家から山内家へ陣羽織とともに譲られた。勝永の兜については、江戸時代、しばしば土佐藩主の上覧に供されていたという。これは、山内家が毛利勝永およびその父吉成に対して、非常な関心を持っていたことを物語っているのではないだろうか。

それは、豊臣氏滅亡後も山内家が、吉成・勝永らの一族を受け入れたという姿勢にもあらわれていよう。このことについては、後述する。

勝永所用とされる太刀は関兼常である。もとは竹中半兵衛の所用で、それから毛利吉成、勝永の手を経て、山内忠義の佩刀となった。竹中半兵衛と毛利父子の交渉を示す史料は、現在のところ見出せないが、この伝来が事実であるとすれば、大変興味深い。

これらの品々は、昭和二十八年五月九・十日、高知市内で開催された名刀展覧会において初公開された。

勝永が大坂の陣で使用した馬印の図
（勝永の子孫森家に伝わるもの）

さらに、現在所在が明らかではないが、勝永の末裔《まつえい》という森家の家伝史料には、先述の兜のほかに、馬印の模写が挿入されている。それには、「大阪陣ニ於テ勝永公使用ノ馬印　鳥毛輪貫吹貫也（原図ノ儘）。刺物ハ金ノ半月也」と書き入れがしてある。原図儘ということわり書きから推測して、馬印の現物ではなく、絵画史料として伝わっていると考えられる。兜の模写は現物とそっくりなため、馬印もかなり精巧に原図の特徴をとらえていると思われる。

勝永奉納と伝わる鏡

土佐には、勝永奉納と伝わる鏡が二枚あった。そのひとつは、土佐郡久万村の天神宮御宝前鏡である。鏡を納めた箱には「豊臣朝臣毛利豊前守吉政于時慶長十九甲寅暦二月吉日敬白」という箱書があったという（『土左国探古録』）。

『皆山集』は次のような話を収載している。

豊前守殿配所の後ろに天神の社有り、豊前守殿内室より祈願のためこめられたる鏡と鉾あり。鏡の裏に姓名朱にて記して有り。今は消えて慥かならず。初めは社に有りけるをいつの比にか盗賊ぬすみけるを取返し今は金性院へ納め置き、鉾をば祭の時社へ出し申

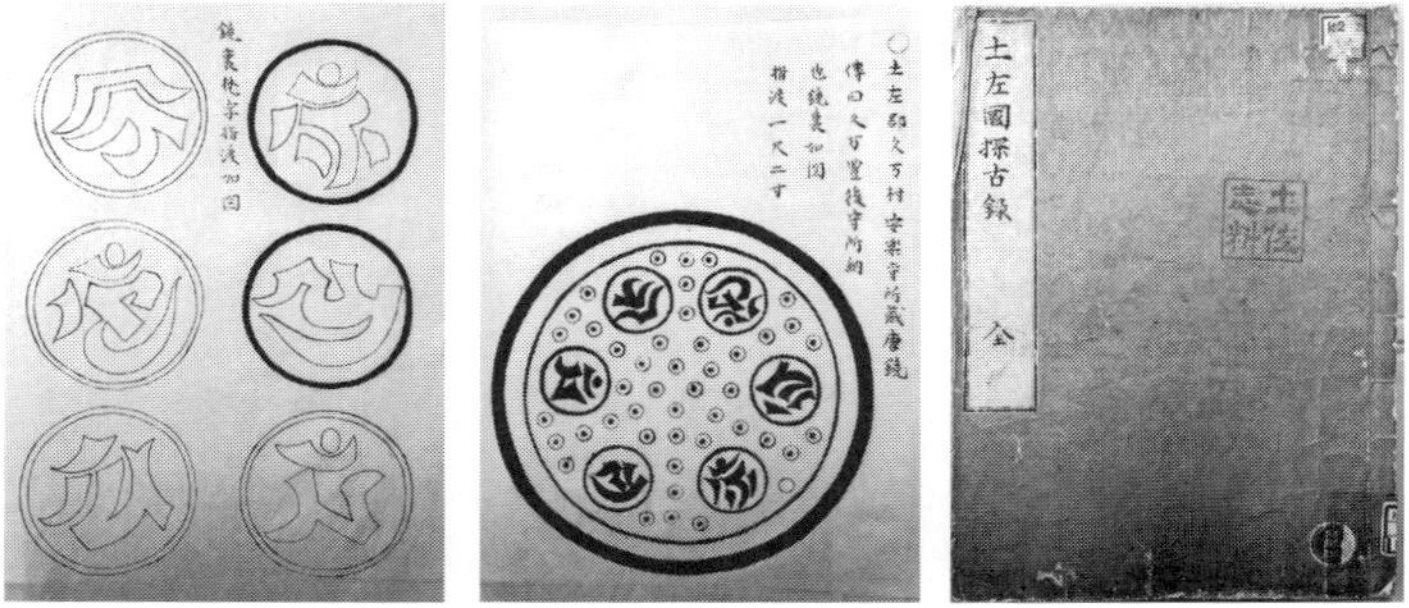

『土佐国探古録』(表紙)と、同書に掲載された
毛利勝永が奉納したと伝わる唐鏡(高知県立図書館蔵)

す由、今に存すと云

もうひとつは、土佐郡久万村安楽寺所納唐鏡である。鏡の裏面には「豊臣朝臣毛利豊前守吉政慶長十九年甲寅暦二月吉日」と朱書がしてあったという(『皆山集』)。

勝永がこの二枚の鏡を奉納したのは、慶長十九年二月のことであった。江戸と大坂の間において、いわゆる方広寺鐘銘に関わる衝突が勃発するのが、その年の七月のことであった。それまで、徳川・豊臣両家に戦争がおきる兆しはなかったのである。

つまり、勝永が二月に土佐の神社に二枚の鏡を奉納したのは、江戸・大坂の手切れによって、自身が土佐を発してこの戦争に身を投じる、と決意してのことではなかった、ということである。考えられるのは、この年が秀吉の十七回忌にあたっているということである。

二枚の鏡は現在、所在不明である。久万村の天満宮は現在の中久万天満宮であるが、この付近には毛利勝永の屋敷跡があったとされ、かつては標柱も建っていたらしい。その一帯を地元では「森屋敷」と称していた。中久万天満宮は現在、高知八幡宮が管理している。

一方、安楽寺は何度か移転を経て、戦国期までには久万村に移ってきた。しかし、江戸時代はじめ頃には廃絶され、その後、寛文年間（一六六一～一六七三）に再興された。明治の廃仏毀釈運動によってふたたび廃絶したが、間もなく長宗我部氏の菩提寺であった旧瑞応院跡に再興された。

中久万天満宮（高知市）

このように、中久万天満宮、安楽寺ともに廃絶、移転を経ているため、勝永奉納の鏡の所在は杳《よう》として知れない。ただし、江戸時代後期の歴史家稲毛実、および国学者武藤平道が編んだ『土左（佐）国探古録』には、久万村天神社鏡箱の銘、および安楽寺所蔵唐鏡の写しが載っている。同書では久万村天神社の鏡箱銘については毛利勝永の奉納としているが、安楽寺の鏡については「伝に曰く、久万豊後守所納也」として鏡の裏面の図を載せている。

しかし、土佐旧藩士で郷土史家の松野尾章行が編纂した『皆山集』には、「久万豊後ハ誤カ朱ニテ裏ニ豊富朝臣毛利豊前守吉政慶長十九年甲寅暦二月吉日云々」と記されており、これも勝永奉納のものと考えられる。二枚の鏡はともに毛利勝永が朝鮮から持ち帰ったものであるという。

勝永の妻子

土佐に残された勝永の妻子は、山内家によって京都所司代板倉勝重のもとへ送られた。勝永が大坂へ入城した直後の慶長十九年（一六一四）十二月、土佐で留守を預かる山内康豊は遠藤平兵衛、井上太郎右衛門の両名を奉行に任じ、勝永の次男太郎兵衛の身柄を上方へ移していた。寛永十年（一六三三）に山内忠義が酒井阿波守に宛てた文書には、上意によって「卯年（慶長二十年）」に京都へ召し登らせ、母子三名の身柄を板倉勝重に渡したとある。しかし、前述のとおり太郎兵衛の身柄は勝永が大坂に籠城した直後に上方へ送られたようだ。

次の書状は、板倉勝重が「毛利豊前子」の身柄を預かったとする書状である。

尚々煩中故取紛れ無沙汰本位失し候、以上

貴札拝見せしめ候、仰せの如く此中は我等相煩、御目に懸れず御床敷存じ候、随而、毛

利豊前子其外従類、爰元へ御越成られ候、夜前、本上州（本多正純）内々其由物語候間、
請取り置き申し候、尚、面上の節を期し候、恐惶謹言、

六月廿五日

勝重（花押）

松土佐守様

尊酬

（「御手許文書」『山内家史料』）

板倉勝重に預けられた母子三名のうち、勝永次男の太郎兵衛は成敗された。太郎兵衛以外の勝永の身内は助命され、土佐へ戻された。

また、『南路志』には、「於夏女郎に被下」という記述があり、勝永の妻と娘は江戸へ送られ、苦界の身におとされたとする解釈もあるが、これは読み誤りだと思う。

「於夏」とは、家康の側室お夏（於奈津）の方を指す。すなわち、お夏の方の女中として下げ渡されたということであろう。

勝永の妻と二歳の女子とは、「上り者」として江戸へ送られ、お夏の方に預けられた。その際、家康はお夏の方に対して、

「さる者の子なれば、目をかけて仕り候へ」

と言い含めたという。

一方、勝永は、家臣で従兄弟の宮田甚之丞に対して、この女子の後事を託すところがあった。宮田甚之丞は大坂落城後、主君の妻子を方々尋ね、数年の捜索の末にようやく探し当てたという。そこで、どういう伝手《つて》を頼ったかは不明であるが、甚之丞が「清雲院殿へ願暇を玉ハり」とある。清雲院殿とは、お夏の方の法名である。お夏の方は、家康の死後、落飾し、清雲院と号した。おそらく、宮田甚之丞が勝永の妻子の消息をつきとめたのは、家康没後のことであったのだろう。

勝永の妻が奉公した清雲院（家康の側室）の墓（東京都）

しかし、勝永の妻はそのままお夏の方に奉公することを決意し、娘だけを甚之丞に託した。勝永の娘は後に秩父縫介という有徳人に嫁ぎ、後年、母も呼び寄せて養ったと伝えられている。お夏の方は、万治三年（一六六〇）に八十歳で没している。法名は清雲院殿心誉光質大禅定尼である。彼女の父は伊勢北畠氏の遺臣で長谷川藤直である。現在、小石川伝通院に清雲院および長谷川家の墓がある。

遺臣たちの戦後

勝永のもとで戦闘に参加した福富茂左衛門は、寛永十五年（一六三八）五月十七日付で、「大坂落城之時之様子」と題した覚書を、旧知の堀市兵衛という者に宛て書いている。

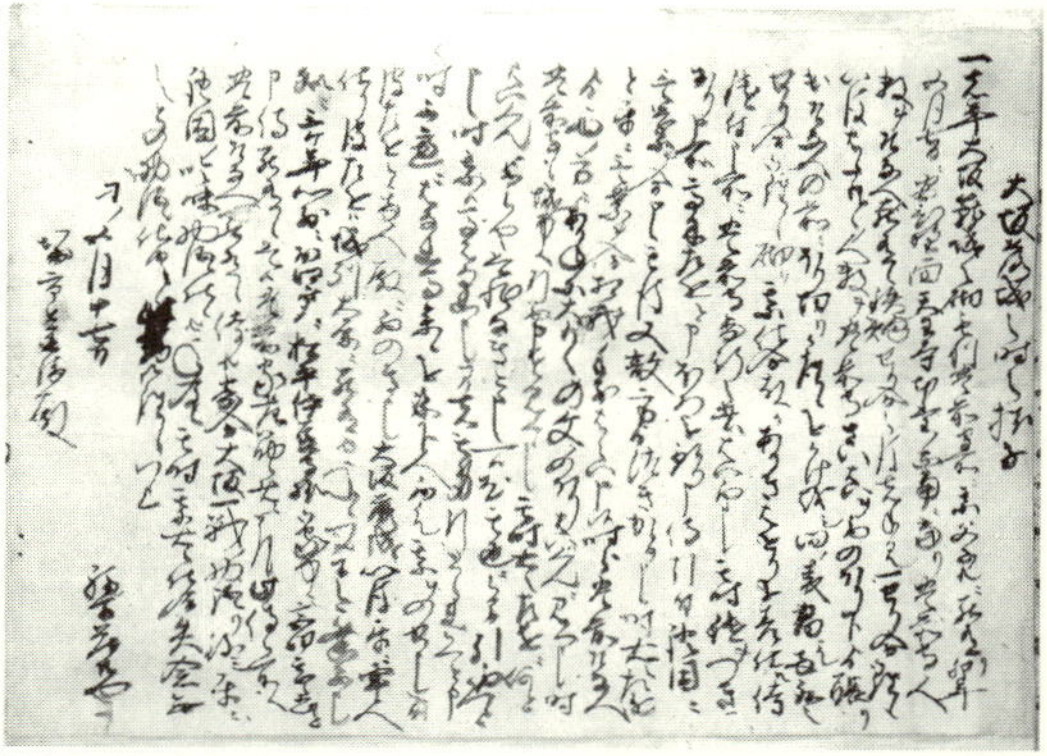

「大坂落城之時之様子」と題した福富茂右（左）衛門の覚書
（早稲田大学図書館蔵）

福富は、赤い陣羽織の武士に鑓を付けた際、味方の幌武者高木左近が来合わせたため、彼に証人になってもらった。戦後、福富も高木も牢人となったが、高木左近の消息については、「城州大原に罷り有る由承り候へ共、今に逢い申さず候」と記している。

また、江戸において松平伊豆守（信綱）に仕えた宮田甚之丞についても、福富は風聞を書き留めている。宮田甚之丞は、勝永の家老筋であると福富も書いているが、戦後は、松平信綱に仕官している。あるいは、この仕官については、家康側室お夏の方やこれに仕える勝永夫人などの関与があったのではないだろうか。

さらに福富は、三年前の寛永十二年に、宮田甚之丞の屋敷に勝永隊に属して戦った者たちが集まり、「大坂一戦ノ物語リ致シ、互ニ証固ノ吟味物語仕候由」と、風聞を書き留めている。寛永十二年といえば、大坂夏の陣から二十年が経っている。その後も、勝永の旧臣たちは互いに連絡を取り合い、あるいは一所に集まって往時を回顧していたという状況がわかる。

終章　南海の伝説

勝永、大坂脱出

毛利勝永父子は大坂城から脱出し、落ち延びたとする記録がある。『南路志』には、毛利勝永とその一門が大坂城では討死せず、天満で目撃した者があるということが記されている。勝永は長刀《ちょうとう》を肩に負い、北へ向かっていた。勝永は剣術の達人であったため、隣国（大坂城がある摂津に隣接するいずれかの国という意味か）にその流派があり、勝永の子孫もいるという。主戦場は城の南側を中心に展開しており、城の北側にあたる天満方面へ逃亡するのは自然である。

城内における勝永の最後の動静を伝えるものとしては、『郡主馬宗保伝記』の内容が注目される。郡宗保は七十歳余りの老将で、五月七日は、勝永同様に天王寺へ出陣していた。黒門口に引き取った郡は、千畳敷の大床に秀頼から拝領した黄母衣をおさめて自刃したという。その少し前に、奥から勝永が姿を見せたという。そこで、勝永と郡の間で次のような短いやりとりがあった。

「宗保早切腹ト見候、我ハ織田有楽ノ屋形ニ妻子ヲ置候間、死出ノ山ニテ追付申ベシ」

「冥土黄泉ノ先懸ケニ一番腹ヲ仕也」

勝永は、「アザ笑申サレ」て、「非縁ノ通リ下城也」とある。「非縁」とは、仏典に出てくる言葉である。

城を枕に最期を遂げようとする郡主馬と対照的に、新座衆である勝永が下城するのは「縁には非ず」というニュアンスを含んでいるようにも感じられるが、本文には「非縁」の横に「マヽ」と書き入れがあり、おそらく書写した人物にも意味がよくわからなかったものと思われる。

大坂籠城衆の家族は天満などに分散して差し置かれていた。勝永が家族を預けていたという織田有楽邸があった場所は、大坂城の北、天満一丁目のあたりである。ここには、後に川崎東照宮が建立された。同宮は明治六年に廃絶し、現在は小学校になっている。

したがって、勝永が下城し、天満方面へ向かったという点で、『南路志』と『郡主馬宗保伝記』は奇妙な一致をみる。

土佐山内家は合戦には間に合わなかった。忠義は甲浦に到ったところで落城の知らせを受けている。遅れて上坂した忠義と山内勢は、そのまま戦場の後始末のため留まっていた。その間、忠義のもとへ諸方から情報が集まってきた。

閏六月十六日、土佐で留守を預かる山内康豊は、大坂表の忠義に対して、大坂方落人の詮議について条書を書き送っているが、その中に「先書ニも段段豊州儀死申さざる由仰せ越され候」との一文がある（「御手許文書」『山内家史料』）。つまり、情報が集まってくるにしたがって、豊州すなわち毛利勝永が死んではいない、という知らせが数回にわたって土佐へもたらされていたのである。落城後に、勝永が生きながらえて逃亡を図るとすれば、向かう先は土佐であろうと、山内父子は見当をつけていたのであろう。大坂表に残っていた忠義は、風聞が集まってくるのを受けて、国許の父親へ注意を喚起したのである。

一方、幕府も大坂城から脱走した牢人たちの潜伏先として、土佐を重視した。元和二年（一六一六）、内用役志賀喜兵衛が中村・宿毛・窪川・佐川などへ遣わされ、大坂浪人の摘発に乗り出している。

探索の手はその後も緩《ゆる》むことはなく、次の文書は、その詮議の一環であろう。

一書啓達せしめ候、大野主馬同道犬子、森豊前父子、真田左衛門佐子、御穿鑿につき、香我美郡へ岡文左衛門殿越され候、我等も同道仕候間、岩村を改め申し候、赤岡大忍仕廻り、横山韮生へ御越しこれ有るべく内々左様御心得成されて入申さざる様ニ成されべく御待ち成されべく候、五六日中ニ其元へ大忍より御越し有るべく候、左様御心得成され候、恐々謹言、

丑卯月廿二日　　　　久万忠兵衛

韮生久兵衛殿

槇山左兵衛殿

（槇山郷小松勘平所蔵文書、『南路志』所収）

丑年は、寛永二年（一六二五）と考えられる。実に、大坂落城後、十年を経過してなお、幕府の毛利父子追及は続けられていたのである。

波介の毛利家墓所

言い伝えによれば、勝永父子は波介《はげ》に落ち着いた。波介、戸波《へわ》（ともに高知県土佐市）の集落には、現在、森姓の家が数十戸あり、いずれも毛利勝永の子孫と称している。板谷川の西岸に「森屋敷」と呼ばれる区画があり、その対面の「的場」と呼ばれる一帯は現在は竹林になっているが、勝永と妻子の五輪塔、および勝永の嫡男勝家の墓塔がある。「的場」とは、毛利家の矢場があったことに由来するという。ここに孫の道永以下の墓が残っている。

勝永の末裔であるという家伝を有する森家に伝わる記録によれば、大坂を脱出した勝永は、この地に潜伏し、元和三年九月九日に没したという。大坂落城から二年を経ている。

森家の家伝史料では、大坂城を脱出した勝永主従は、船で土佐の須崎に上陸し、多之郷の

毛利勝家の墓（土佐市）

毛利勝永と妻子の墓（土佐市）

加茂神社まで来た時、山内家によって追手がかけられ、加茂神社の戸帳のうちに身を潜めてやり過ごしたという話があるそうだ。これは、毛利壱岐守の子孫という家伝がある木森重樹氏が、その著書『豊臣家に殉じた森壱岐守吉成並に仝豊前守勝永覚書』の中で紹介している。

現在のところ、戦国武将毛利勝永の墓は波介の五輪塔以外に確認されていない。「伝」と但書きが付いたものや、供養塔の類を含めても、大坂城に籠った牢人衆、真田信繁、後藤又兵衛、長宗我部盛親、明石全登、塙団右衛門らに比べると、寂寥感《せきりょうかん》を禁じ得ない。

毛利一族の祭祀

大坂の陣後、勝永とその一族が生き残って、土佐へ潜伏したという家伝を持つのが、久万の森氏である。森正倫氏によって、昭和八年に奏山墓地において毛利吉成の墓所が発見されたことは前にふれた。秦山には、森毛利神社が建立され、森正倫氏が祭主となって、祭典を行った。祭神は、「森豊前守大江吉光」「森（毛利）壱岐守勝信（吉成）」「豊前守勝永（吉政）」「長門守式部少輔勝家（永俊）」の四柱である。

毛利勝永の末孫と称する家系は、土佐にいくつか存在する。山内家に仕えた森保助の先祖書によれば、「筑前国小倉之住森壱岐守勝信嫡男森豊前守勝長」が家族を引き連れて土佐国奈半利《なはり》浦にやって来た。やがて、父の勝信が死去し、墓は同所（奈半利か）にあるという。また、「勝長」のほうは大坂で戦死したが、その嫡男「森式部」は故あって紀伊国へ移り、その地で子孫相伝えたと記している。「勝長」の次男森司次は奈半利にとどまって、その後田浦に移住した。この森司次の子孫が奈半利の森家である、ということになっている（「御侍中先祖書系図牒」）。

しかし、「森式部」が故あって紀州へ退去したというのは、土佐を去って紀州浅野家へ仕えたという毛利吉成の次男山内権兵衛吉近の事績と混同しているように思われる。

いずれもその真偽を問うことは本書の意図するところではないが、土佐には吉成・勝永父子が配流されてくる以前に、

森毛利神社（高知市）

森氏の系統が存在していた。そして、勝永の家系を称する家の多くが「毛利」ではなく、「森」を姓としている点は留意すべきであろう。

毛利久八、土佐へ招かれる

一方で、毛利一族に対して、山内家が庇護の姿勢をとったことも見逃せない。毛利家が改易になった後、豊前国にそのまま土着した一族があった。毛利出羽守吉雄、同じく次郎九郎吉高などである。『毛利系伝』によれば、いずれも吉成の弟にあたる。吉高は豊前国永原というところに居住して、その後は不明である。吉雄の子は出羽守吉勝といい、関ヶ原合戦後に備前国に入部した小早川秀秋に仕官して二千石余りを食んだという。ところが、秀秋が急死して小早川家は断絶となり、吉勝は牢人となって筑前国若松（現・北九州市若松区のあたりか）で没した。その嫡男が久八吉次であり、勝永にとっては従甥《じゅうせい》（従兄弟の子）にあたる。

久八は父の没後、上方へ出たところ、かつて昵懇であった加藤清正がそれを知って、家臣曽根平兵衛に命じて肥後へ召し寄せた。久八は三百石をもって加藤家に召し抱えられ、次代忠広の頃まで仕えた。寛永八年（一六三一）、加藤家が改易となり、久八はふたたび牢人となった。加藤家に仕えていた毛利一族の話は土佐山内家でも把握していたらしい。山内忠義は家臣野中玄蕃に書状をしたためさせ、これを樫井内蔵丞に携行させて肥後へ遣わしたのである。久八に会った樫井内蔵丞が「召し抱えたい」という忠義の意向を伝え、久八はこれを受けて、寛永十年正月、土佐へ引き移った。

山内家に仕えた久八は、知行五百石を拝領し、後には天草・島原の乱に際して、使者として現地へ派遣されたり、後光明天皇即位にあたって幕閣が入京すると、忠義の命で使者をつとめたりするなど重用された。以後、この土佐毛利家の系統は代々続いて明治に至っている。

毛利久八は寛文六年(一六六六)二月十九日に病死し、久万山に葬られた。法名は実修了栄公である。

この他、一族の娘で父を早くに亡くした者を、一斎こと吉成が養育していた。成長した娘は、山内一豊夫人(見性院)の世話で、他家へ嫁いだという話も残っている。

勝永追憶

勝永に従っていた杉五郎兵衛俊重は、大坂の陣後、土佐へ戻り、山内家に仕えた。山内家から大坂籠城に関わる咎《とが》めはなかったようである。

大坂落城の折、杉五郎兵衛は、勝永から形見の品々を預かっていた。秀吉から拝領した猩々緋《しょうじょうひ》の陣羽織、兜、太刀などである。一方でそれらの品は宮田甚之丞に託されて土佐へ伝来したともいわれ、また、土佐へ帰国し、山内家に仕えた志和又之丞などが勝永から一族の身上を託されたとする史料もあり、おそらく複数名が勝永の遺命を受けていたと考えられる。

杉五郎兵衛の墓（高知市）

この杉五郎兵衛は、怪力の持ち主で、その愛用の鑓は常人の手には余る長大なものであったという。大坂夏の陣で生き残った杉は、土佐に帰国して晩年を過ごしたが、年を経ても怪力ぶりは衰えず、愛用の鑓の石突を取ってクルクルと振り回しては、「このとおり、まだこの鑓をふるって御役に立てるぞ」とうそぶいていたという。五郎兵衛は、寛永十二年（一六三五）二月二十一日に逝去した。墓碑によれば享年五十八歳であった。法名栄林道椙。墓は秦山の杉家墓所にあり、同所には毛利吉成の墓も移されている。五郎兵衛の子助左衛門は、山内家からの下問があったため、生前の父から聞いていた勝永に関する記録をまとめた。杉五郎兵衛没後から三十年が経過しており、助左衛門自身も「久しき儀御座候故、慥には存ぜず候」と記している。

また、山内家には、同様に勝永家来筋であった前述の毛利久八や大黒茂左衛門が存命であったため、彼らにも当時の様子を尋ねてあらましを書き付けた。そうして寛文五年（一六六五）

八月十三日付で山内家に呈されたのが、『毛利豊前守殿一巻』である。勝永に関する記録としてはほとんど唯一のものといってよく、山内家やその周辺で編纂された史料もこれを参照している形跡がある。近代に至って、福本日南もこれを参考として、『大阪城の七将星』を著した。大部のものではないが、いわば、勝永の履歴書であり、遺臣たちによる「記憶」である。やや長くなるが、本書の掉尾《ちょうび》として、口語訳したものを掲げたい。なお、意味が通りやすいよう適宜、意訳をほどこした。杉助左衛門は勝永の名を一貫して「吉永」と記しているので、ここではそれをそのまま表記した。

覚

一、毛利豊前守殿吉永は太閤秀吉公より豊前国小倉十二万石の地を給わりました。居城は小倉です。

一、先年、関ヶ原御陣の折、石田治部少方について、敗軍の境遇となりました。その後、御当家先代一豊公、池田三左衛門殿、加藤肥後守殿、そのほか一両人の大名が申し合わせて、家康公へ毛利父子の助命を嘆願し、願いは叶えられました。その結果、父子の身柄は肥後守殿へお預けとなりました。それ以後、一豊公からの申し出を家康公が承諾され、山内家でお預かりなされることになったと承っております。

一、豊前守殿は久万に差し置かれ、御合力米を遣わされ、御親父壱岐守殿は後に法体となって一斎と号し、西の丸に差し置かれました。

一、豊前守殿が土佐を出国した首尾につきましては、匠作様（一豊弟修理亮康豊）へ次のように仰せになりました。「忠義公は江戸より大坂御陣へお立ちなされた由を承り、一豊公以来、忠義公の数年にわたる御厚恩忘れがたく思い、今度大坂へ罷り越し、御若年の忠義公へ御心付けをいたしたく考えております」と、たびたび申し上げられましたが、匠作様はご承知になりませんでした。そこで豊前守殿は、「この上は嫡子式部を人質として出したいと思いますが、これは久万に留守居として置いてあります。九歳になる次男太郎兵衛を人質として提出いたしますので、何卒上方へ登るお許しをいただきたい」と、誓紙をしたため涙を流し懇願いたしましたため、匠作様は大坂へ登ることをお許しになりました。豊前守殿には、ほかに幼少の娘が一人ありましたが、これも人質として御国に留めることになりました。

一、豊前守殿は、慶長十九年十月頃、浦戸より船を出しました。十五歳になる息子式部殿は久万に差し置かれていましたが、これを宮田甚之丞と申す者が盗み出し、同乗の上、父子揃って大坂へお登りになりました。後に、豊前守殿が大坂へ籠城なされた仔細を匠作様が聞かれ、殊の外お腹立ちなされました。

一、大坂における五月七日の合戦の折、豊前守殿は天王寺表の先手左備えの大将となりました。ご自身の手勢の他にも旗下に大勢の兵を従えていたようです。右備えの大将は真田左衛門佐だったということです。その当時、豊前守殿は御歳三十八で、寅の年の生まれであったそうです。

一、右同日合戦の時、式部殿が鎧武者一人を討ち取り、首級を豊前守殿へお見せになったところ、「見事である。しかし、その首は捨ててしまいなさい。今後は討ち捨てにするように」と仰せになったそうです。豊前守殿は式部殿の様子をご覧になり、「惜しき者よ」と申されたそうです。その後、式部殿がまた一人鎧武者を討ち取りましたが、これは父上の言いつけどおり討ち捨てなされました。式部殿はこの年、十六歳でありました。

一、吉永の甲は頭形に向堅銀の輪貫、また頭形に黒き獅角の甲をも着用していたそうです。陣羽織は白綸子に黒き輪貫の紋、また黒猩々緋に赤き輪貫もございましたそうです。

一、秀頼公より錦の御羽織を拝領し、落城の節に着ていたとのことです。

一、旗は白地に黒き輪貫、家中番指物も、金の輪貫であると親が申しておりました。

一、大坂落城の時、御城内に御父子ともに引き取られ、干飯蔵へ秀頼公と吉永・式部殿一所に立て籠られたとのことで、おそらくはその折に御父子ともに相果てられたに相違ありません。

一、落城以後、御次男の太郎兵衛殿、御息女、その母、ならびに吉永に従っていた侍どもの妻子が上方へ送られました。そこで、太郎兵衛殿は公儀によって御成敗されました。御息女は助けられ、そのほか侍衆の妻子も助けられました。

一、豊前守殿が土佐に居られた時は、付き合いがあった大名衆より、年々合力がございました。大坂へも黄金二百枚を持参されたと親共が申しました。これには仔細がございまして、忠義様もご承知であったということなので、書き付けることにいたしました。

一、豊前守殿に誓紙を出させ、人質を取っておいたにもかかわらず、みすみす大坂へ登らせてしまったことについて、匠作様の不注意であると忠義様が殊の外不満をもらしていましたので、匠作様は大層困り果てたと聞いております。

一、豊前守殿が大坂へ籠城なされたことは、忠義様は毛頭ご存知なく、その間の事情については、少しの誤りもなく御公儀へお届けになったそうです。

右の内容については、私の親五郎兵衛が豊前守殿の家来であったため、御当家から当時の様子についてお尋ねがございました。そこで、毛利久八、大黒茂左衛門も私の親同様に豊前守殿の家来筋の者でございますので、両人にも様子を尋ねまして、あらましを書き付けました。何分昔のことでございますので、細かいところは確かではございません。以上です。

寛文五年八月十三日

杉助左衛門

亡父の話をまとめた杉助左衛門の覚書では、おそらく父子ともに城内で相果てたのであろう(「定而其刻相果てられべく候事」)と書きながら、今ひとつ確証を持てないでいるかのようである。

毛利豊前守勝永が奮戦した大坂夏の陣からすでに四百年が経つ。しかし、その終焉の地はいまだに定まっていない。我々はただ、長刀を背負って歩き続けるその人の背中を追いかけるほかに術はない。

おわりに

毛利勝永を書く、そのきっかけとなったのは、二〇一四年に大阪で開催された「毛利勝永座談会と見学会」に出席させていただいたことである。主催した有川淳一氏は、いわば「毛利勝永伝道師」である。「せっかく参加するんだったら何か書いて」と氏に頼まれ、当日配布用のレジュメに小文を寄せた。

それまでの私は、司馬遼太郎の『城塞』、池波正太郎の『真田太平記』『紅炎』などの文学作品で毛利勝永という人物を知っている程度に過ぎなかった。

その翌年、今度は舞台を小倉に移し、同じく有川氏主催で「小倉城主毛利吉成・勝永父子座談会」が開催された。前後二回のイベントはいずれも「大坂の陣四〇〇年天下一祭」の参加事業である。

この間に私の中では少しずつ、毛利勝永という人物を描けるかも、という手ごたえを感じるようになった。大坂の陣四百年という節目であるが、同戦役のスターといえば、真田信繁（幸村）。対して、毛利勝永は一般的には「誰それ?」な状態。どこへ相談してよいものやら、と迷ったが、本書の企画に賛同してくださった宮帯出版社の勝部智氏は、「私は個人的に大坂の陣の一番の武功は毛利勝永だと思っています。勝永はもっと評価されてもいい武将」と興奮気味の返事をくださった。これも縁だったのだろう。

勝部氏は、「今秋（二〇一五年）には出したい」と仰っておられた。それを念頭に、本書は二〇一五年初夏に脱稿していた。予定が狂ったのには事情がある。

二〇一四年秋に宮帯出版社の社屋で宮下社長や社員のみなさんとお会いして、勝部氏が運転する車で古田織部美術館をご案内いただいた後、大徳寺の前でお別れした。車中、「本が出たら一献やりましょう」と約束した。

折しも大徳寺の塔頭総見院では、織田信長木像が公開中で、勝部氏は「ああ、いいなあ」と名残惜しそうに車中の人となり、帰社されたのだった。

年が明けて、勝部氏に資料の件でメールをしたところ、返信のかわりに、氏が病に倒れたという知らせを受けた。こころ強い戦友の離脱によって、このままこの企画を放擲《ほうてき》しかけたこともあった。

勝部氏の後を受けて、田中佳吾氏が進行してくださった。実際、本書の企画はまだ勝部氏と私との間で構想についてやりとりしていたにとどまっており、正式に契約も交わしていなかった。当時の経緯を取り上げていただき、契約へ進めていただいたのが、田中氏である。

それから間もなく、新たに飯田寛氏が担当として着任された。その間、脱稿から半年あまりが経過している。飯田氏はいきなり本文に挿入する図版の候補をリストアップしてきた。

表計算ソフトのこまかいシートに、老眼が入りかかったおのが目はクラクラしたが、結果的にこのインターバルによって、各地に散らばる勝永関連の史料や遺品へのアプローチ（もちろん本書への掲載のお願いである！）が可能になったと、今ではよかったと思っている。「勝永遺品を巻頭カラーで紹介しましょう！」と言ってくださったのも飯田氏である。あらためて、レファレンス・サービスや資料借受でお世話になった関係諸機関に感謝申し上げます。

そして、本書はSNSを中心とした仲間にも助けられて完成にこぎつけた。編集部や私の「この写真を使わせて欲しい」という勝手な要求に、快く応じてくださったのが、前出の有川氏のほか、佐久間嘉則氏、山本智氏である。

また、前後二回、大阪、小倉で開催された「毛利勝永座談会と見学会」「小倉城主毛利吉成・勝永父子座談会」に出席された皆さん。

宮下玄覇社長をはじめ、田中佳吾、飯田寛、田中愛子の各氏をはじめ宮帯出版社の方々に。

そして、勝部智氏にも。

厚く御礼を申し上げます。ありがとうございました。

二〇一六年三月吉日

今福　匡

増補にあたって――大野治房書状、森三右衛門吉成の故地――

夏の陣最後となる合戦にのぞんで、大坂方は、岡山・天王寺方面に主力を展開させ、寄せ手を引きつけてから、一気にこれを叩くという作戦をたてた。前日の八尾・若江、道明寺の各方面へ積極的に進出し、敵の出鼻をくじこうとするものとは、対照的である。

その五月七日の最終決戦の直前、大野主馬《しゅめ》治房が某にしたためた書状がある。本編では、これを兄である修理亮《しゅりのすけ》治長に宛てたものと想定したが、天王寺方面に展開する味方への軍令状ととることもできよう。七日の開戦は正午頃だったと伝えられ、午前中はこのような軍令が城方の陣所を行き交っていたのであろう。

この治房書状には、「真田（信繁）」とともに「毛利（勝永）」の名が二カ所記されている。

大野治房は真田信繁や勝永らが布陣した天王寺の東方、岡山口にあった。敵勢接近の注進に接した治房が、「そつし（卒爾）」の合戦はするなという、軍令の再徹底を求めた内容が記されている。治房は、「真田・毛利と申し合わせ、いか

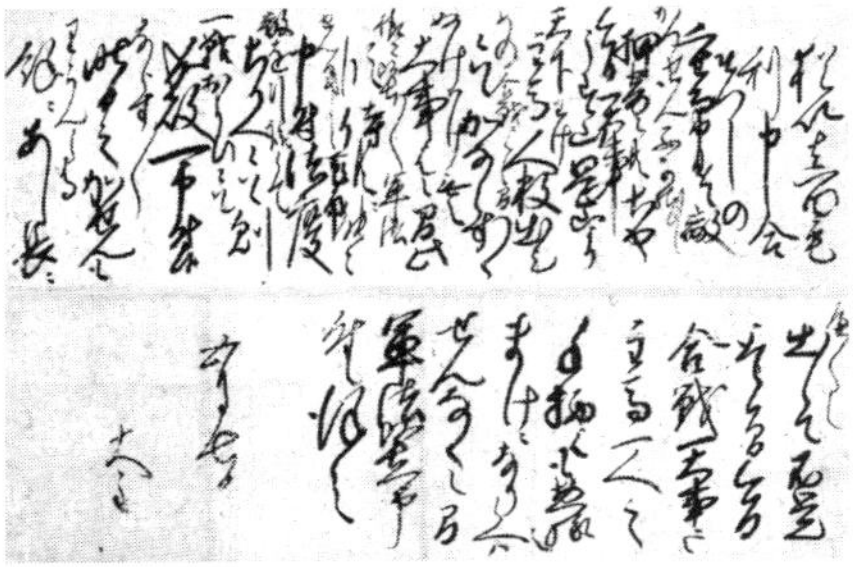

大坂夏の陣の最終決戦の直前に出された大野治房の書状（個人蔵、上田市立博物館提供）

にも敵を引き請《う》け」て戦うのが作戦の要諦であると説いている。そのためには、「軍法兎角《とかく》肝要」と治房は戒め、さらに「猶以《なおもっ》て真田毛利申し合せ、卒爾の合戦然《しか》るべからず」と、猶書《なおがき》している。城方の生き残った諸将には、前日の軍事行動に対する悔いが生じており、「卒爾の合戦」をせず、敵を引きつける作戦行動を採らせたといえるかもしれない。しかしながら、実際は敵の激しい銃撃に誘われるような形で戦端を開いてしまうことになったのだった。

大野治長・治房兄弟は、勝永と家老の宮田甚之丞とも従兄弟である(『南路志』)という。日本家紋研究会の会長で、姓氏・家系研究にも造詣が深い高澤等氏が、本書の叙述を目にされ、数葉のレポートを作成して、筆者に示してくれた。氏は、森一族と尾張国葉栗郡にある曼荼羅寺《まんだらじ》との関係、および同郡に存する「宮田」「大野」という地名の位置関係から、毛利父子の故地を指摘された。

毛利(森)吉成・勝永父子の出自については、第一章で諸説をあげたものの、筋道だった考察にまで至らず、謎を謎のまま積み残してしまった感があり、忸怩たる思いでいた。あらためて高澤氏に御礼申し上げるとともに、以下、氏のご教示をもとに、私見を加えて綴ってみたい。

曼陀羅寺は尾張国葉栗郡前飛保村(愛知県江南市)にある浄土宗の寺院である。同寺が所有する「曼陀羅寺文書」の中に、森一族の名が出てくる文書(いずれも『愛知県史』に収録)が数点確認できる。

永正五年（一五〇八）の「曼陀羅寺寺領注文写」に四百文の土地を寄進した「森殿」が出るのを皮切りに、翌永正六年には寄進主森民部入道浄祐、証人森民部広吉として、土地を寄進している。両者は親子関係であろう。ついで永正十三年に、森民部丞広吉が森藤四郎吉条を証人に立て、売券を発給している。二年後には、同じく森民部丞広吉が森藤四郎吉定と連署した文書があり、吉条は吉定と改名したと考えられる。

天文六年（一五三七）の「小入孫衛門・同をいの七売券写」に、

森一族の名が出てくる文書が保管されている曼荼羅寺（愛知県江南市）

吉定は森藤左衛門と出る。天文八年の売券写では売主として森藤左衛門吉定、証人に同名新左衛門が連署している。これら曼陀羅寺に伝わる文書から、次のように森一族の活動時期が浮かび上がる。

◎森入道浄祐　永正年間
◎森民部丞（広吉）永正年間
◎森藤四郎（吉条・吉定）永正～天文年間

◎森新左衛門　天文年間

この森一族は「吉」を通字としていたと考えられる。

天文十六年、「曼陀羅寺祠堂年貢注文写」に出る森新左衛門は、時代的に三右衛門吉成の親世代に相当するかと思われる。しかし、葉栗郡内に森という地名は見られない。高澤氏は戦国初頭に美濃から移ってきたのではないかと推測されている。

同郡には宮田の地名があり、勝永の家老にして従兄弟宮田甚之丞の故地と考えられる。宮田氏は太子山上宮寺住職の分家であるという（『尾張群書系図部集』）。また、同郡上門間庄大野郷は、大野氏発祥の地と考えられる。

さらに、毛利父子を土佐へ引き取った山内一豊の出生地黒田も同じ葉栗郡である。山内氏は旧主岩倉織田氏を引き取っており、毛利父子も地縁による交誼《こうぎ》があったと考えられる。

このように、毛利吉成・勝永父子と宮田氏、大野氏とは地縁にもとづく婚姻関係にあったのではないだろうか。

二〇一六年七月吉日

今福　匡

参考文献

史料・古記録

「毛利豊前守殿一巻」東京大学史料編纂所所蔵
「長井九兵衛軍忠覚書」東京大学史料編纂所所蔵
「賀古庄右衛門宛宮田甚丞書状」東京大学史料編纂所所蔵
「郡主馬宗保傳記」東京大学史料編纂所所蔵
「大坂籠城衆覚」東京大学史料編纂所所蔵
「土左國探古録」高知県立図書館所蔵
『大日本史料』第十二編之十五　東京大学史料編纂所編　東京大学出版会
『大日本史料』第十二編之十九　東京大学史料編纂所編　東京大学出版会
『大日本史料』第十二編之二十　東京大学史料編纂所編　東京大学出版会
『大日本史料』第十二編之二十一　東京大学史料編纂所編　東京大学出版会
『毛利家文書』(『大日本古文書』東京大学史料編纂所編　東京大学出版会)
『吉川家文書』(『大日本古文書』東京大学史料編纂所編　東京大学出版会)
『相良家文書』(『大日本古文書』東京大学史料編纂所編　東京大学出版会)
『浅野家文書』(『大日本古文書』東京大学史料編纂所編　東京大学出版会)
『島津家文書』(『大日本古文書』東京大学史料編纂所編　東京大学出版会)

『豊後陣聞書』（『続群書類従』続群書類従完成会）
『神屋宗湛筆記』（『続群書類従』続群書類従完成会）
『新東鑑』（『国史叢書』国史研究会　一九一五）
『關原軍記大成』（『国史叢書』国史研究会　一九一六）
『佐賀県史料集成』古文書編（全三〇巻）　一九五五～一九九〇
『皆山集』（『土佐之国史料類纂』平尾道雄ほか編　高知県立図書館　一九七六）
『藤堂藩元和先鋒録』中村勝利校注　三重県郷土資料刊行会　一九七六
『真田家御事績稿』（『新編信濃史料叢書』信濃史料刊行会）
『山内家史料（第一代一豊公紀）』山内神社　一九八〇
『山内家史料（第二代忠義公紀）』山内神社　一九八〇
『武家事紀』山鹿素行先生全集刊行会　原書房（復刻）　一九八二
『神屋宗湛日記』（乾・坤）　西日本文化協会　一九八四
『神屋宗湛日記献立』（上・下）　西日本文化協会　一九八四
『彦山編年史料』古代中世編　川添昭二編校訂　文献出版　一九八六
『南路志』（『土佐國史料集成』武藤致和編　高知県立図書館　一九九〇～一九九七）
『輝元公上洛日記』（『長周叢書』下　村田峯次郎編　マツノ書店覆刻　一九九一）
『佐賀県近世史料』第一編第一巻　佐賀県立図書館編　一九九三
『佐賀県近世史料』第一編第二巻　佐賀県立図書館編　一九九四
『翁草』（『日本随筆大成』吉川弘文館　一九九六）
『黒田家文書』第一巻　福岡市博物館　一九九九

『土佐國群書類従』第二、三、四、五巻　高知県立図書館　一九九九～二〇〇三
『完訳フロイス日本史』（全十二巻）松田毅一・川崎桃太訳　中央公論新社　二〇〇〇
『彦山編年史料』近世編　廣渡正利編校訂　文献出版　二〇〇三
『築城記』（『研究紀要』第五号　財団法人土佐山内家宝物資料館　二〇〇七）
『大坂御陣覚書』（『大阪市史史料』第七十六輯　大阪市史編纂所編　大阪市史料調査会　二〇一一）
『豊臣秀吉文書集』一　名古屋市博物館編　吉川弘文館　二〇一五

自治体史

『福井県史』資料編９　福井県　一九九〇
『山口県史』資料編中世３　山口県　二〇〇四
『川越市史』資料編近世Ⅰ　川越市　一九七八
『新修大阪市史』第３巻　大阪市　一九八九
『新修大阪市史』史料編第５巻　大阪市史編纂所・大阪市史料調査会　大阪市　二〇〇六
『大阪編年史』第四巻　大阪市立中央図書館　一九六八
『北九州市史』近世　北九州市　一九九一
『新修福岡市史』資料編中世１　福岡市史編集委員会編　福岡市　二〇一〇
『新修福岡市史』資料編中世２　福岡市史編集委員会編　福岡市　二〇一四
『新修福岡市史』資料編近世１　福岡市史編集委員会編　福岡市　二〇一一

図録

『戦国アヴァンギャルドとその昇華 兜KABUTO』佐野美術館　二〇一四
『浪人たちの大坂の陣』大阪城天守閣　二〇一四
『豊臣と徳川』大阪城天守閣　二〇一五
『大関ヶ原展』江戸東京博物館・京都府京都文化博物館・福岡市博物館　二〇一五

著作

牛嶋英俊『太閤道伝説を歩く』弦書房　二〇〇六
笠谷和比古『関ヶ原合戦と大坂の陣』吉川弘文館　二〇〇七
笠谷和比古・黒田慶一『豊臣大坂城 秀吉の築城・秀頼の平和・家康の攻略』新潮社　二〇一五
木森重樹『豊臣家に殉じた森壱岐守吉成並に仝豊前守勝永覚書 付木森右門允重頼』私家版　一九八六
木森重樹『更雀寺と森豊前守との係わりについて』私家版　一九八七
織豊期城郭研究会編『倭城を歩く』サンライズ出版　二〇一四
白峰 旬『新解釈関ヶ原合戦の真実 脚色された天下分け目の戦い』宮帯出版社 二〇一四
中野 等『秀吉の軍令と大陸侵攻』吉川弘文館　二〇〇六
中野 等『柳川の歴史3 田中吉政・忠政』柳川市　二〇〇七
中野 等『文禄・慶長の役』吉川弘文館　二〇〇八
福本日南『大阪城の七将星』文会堂書店　一九二一
藤井治左衛門『関ヶ原合戦史料集』新人物往来社　一九七九

二木謙一『秀吉の接待』学研　二〇〇八
森山恒雄『豊臣氏九州蔵入地の研究』吉川弘文館　一九八三
山本泰三『土佐の墓 その1』土佐史談会　一九八七
『歴史ＲＥＡＬ 大坂の陣と真田戦記』洋泉社　二〇一四

論文・記事

内川清輔「森小弁の先祖について」『土佐史談』二〇八号
内川清輔「森壱岐守勝信父子の来國」『土佐史談』二一五号　二〇〇〇
田内瑞穂「森（毛利）家祖先の由来」一〜九　『土佐伝説』土佐伝説会　一九三五〜一九三七
武田鏡村「豪傑八人衆の大坂の陣 毛利勝永」『歴史と旅』二七（一〇）秋田書店　二〇〇〇
津野倫明「文禄・慶長の役における毛利吉成の動向」『人文科学研究』九　高知大学　二〇〇二
寺田凡哉「毛利豊前守勝永」『土佐伝説』土佐伝説会　一九三七〜一九三八
中尾定市「生きていた大阪の陣の勇将」『特集人物往来』四（一〇）人物往来社　一九五九
永尾正剛「慶長五年黒田如水発給の知行宛行状について」『研究紀要』九　北九州市立歴史博物館　二〇〇一
平尾道雄「毛利豊前守勝永と其一族」『土佐史談』四五号　一九三三
松本紀郎「（改訂）毛利父子と秦泉寺（一）」『秦史談』一二一号　二〇〇四
松本紀郎「（改訂）毛利父子と秦泉寺（二）」『秦史談』一二三号　二〇〇四
「毛利豊前守のカブト　愛刀とともに山内家土藏で發見」『史談』大野康雄新聞スクラップ文庫　高知県立図書館　一九五二
「毛利豊前守のカブト 愛刀とともに山内家土蔵で発見」高知新聞一九五三年五月八日（三面）

「高知市で山内家刀剣展 二代藩主忠義の佩刀 南海朝尊の優品など」高知新聞一九九三年五月九日（一五面）
「刀 銘天正廿年朝鮮渡刮毛利壱岐守虎狩時淡川甚吾虎向怒所切留為後鏡如斯」『愛刀』二〇一一年二月十五日号 刀剣春秋社

その他

「落葉物語 森毛利壱岐守勝信公幷ニ豊前守勝永公一門と山内家」（家伝史料）
「毛利勝永座談会」レジュメ 勝永座談会実行委員会 二〇一四
「（第二回）毛利勝永座談会」レジュメ 勝永座談会実行委員会 二〇一五

年表

年次	西暦	年齢	吉成・勝永の事跡	社会の動向
永禄三	一五六〇			五月十九日、桶狭間の合戦で今川義元敗死。
天正三	一五七五			五月二十一日、長篠の合戦で武田勝頼、織田・徳川連合軍に敗れる。
天正六	一五七八	一	この年、勝永誕生か。	
天正七	一五七九	二		五月十一日、安土城天主竣工。
天正十	一五八二	五		三月十一日、武田勝頼自刃。 六月二日、織田信長自刃（本能寺の変）。
天正十一	一五八三	六	八月一日、秀吉、加藤清正に与えた知行宛行状に近江分を小出甚左衛門、森三右衛門（吉成）から渡すよう指示する。	四月二十一日、賤ヶ岳の戦い。
天正十二	一五八四	七	吉成、小牧・長久手の戦いに従軍。 十一月十一日、秀吉、森三右衛門を織田信雄のもとへ派遣する。	三月二十八日、小牧の陣。四月九日、長久手の戦い。
天正十三	一五八五	八	九月十日、森三右衛門、木下半介とともに大垣城請取りの使者として派遣される。	八月、羽柴秀吉、四国を平定する。
天正十四	一五八六	九	十一月十一日、秀吉、吉成を筑前へ派遣する。 十二月、吉成、秋月父子の降伏について折衝する。	十一月七日、後陽成天皇即位。 十二月十九日、秀吉、太政大臣となり豊臣の姓を受ける。

天正十五	一五八七	十	四月、秋月父子降伏。 六月、吉成、豊前二郡を宛行われ、小倉を居城とする。合わせて香春岳城を任され、家老犬飼九左衛門を城代とする。 九月八日、秀吉、黒田孝高、吉成に対して肥後一揆への対処を指示。 十月二十五日、吉成、吉川広家とともに岩石城を攻略する。 十一月十一日、豊臣秀長、吉成の岩石城攻略を賞す。 この年、安姫、祖母宗闇、父龍造寺政家らとともに上洛する。	五月、豊臣秀吉、九州を平定する。 八月、肥後一揆勃発。
天正十六	一五八八	十一	七月二十日、吉成、上洛する途上の毛利輝元を大坂屋敷に招く。自邸で能を催し、勝永は鼓を担当する。 七月二十五日、吉成、黒田孝高とともに毛利輝元の案内役をつとめる。 八月四日、吉成・勝永、毛利輝元の飛鳥井邸訪問に随行。 八月十三日、吉成、毛利輝元を茶の湯で接待。	閏五月十四日、佐々成政、切腹。
天正十七	一五八九	十二	七月十九日、小早川隆景の居城名島において、吉成、茶会を催す。	
天正十八	一五九〇	十三	一月二十八日、彦山座主昌千代、関東への出陣を控えた吉成、および黒田孝高に祈祷の目録を贈る。	七月五日、小田原開城し、北条氏滅ぶ。 七月十三日、秀吉、徳川家康に関東への移封を命じる。

年次	西暦	年齢	吉成・勝永の事跡	社会の動向
天正十八	一五九〇	十三	九月十八日、秀吉、毛利輝元邸御成。吉成、「惣之酌之事」をつとめる。 十月十一日、吉成、聚楽第金書院の神屋宗湛茶会に相伴する。 勝永、上洛するイエズス会巡察師ヴァリニャーノ一行を小倉城外で出迎える。	
天正十九	一五九一	十四	この年、吉成、長崎代官を免ぜられる。	一月、羽柴秀長、病没。 二月、千利休、自刃。
文禄元	一五九二	十五	三月二十日、吉成、鍋島直茂、相良頼房、黒田長政らとともに、壱岐・対馬より渡海。 六月三日、秀吉、吉成および黒田長政に対して兵站整備を指示する。	三月、豊臣秀吉、肥前名護屋へ出陣する。
文禄四	一五九五	十八	一月、勝永、平野新八とともに渡海、在陣諸将へ秀吉の朱印状および小袖を届ける。 四月二十八日、吉成、帰国の準備にかかり、天野元政・椙杜元縁らに勝永への入魂を懇請する。 十二月十八日、秀吉、吉成の再渡海にあたって、勝永に帰国を指示する。 十二月二十八日、吉成、安骨浦に在番中の勝永に対して、和議破綻を知らせる。	二月七日、蒲生氏郷没。 七月十五日、豊臣秀次自刃。
慶長元	一五九六	十九	十一月二十日、秀吉、「毛利壱岐守留守居」にキリシタン二十四名の護送を命じる。	閏七月十二日、慶長大地震。
慶長二	一五九七	二十	二月二十一日、秀吉、朝鮮渡海の陣立を定める。吉成・勝永、黒田長政率いる三番手に属す。	一月一日、豊臣秀吉、朝鮮再征を命じる。

			四月十七日、吉成・勝永、相良頼房に同陣するようにとの秀吉の命令を伝える。 十月、勝永、泗川倭城普請にあたる。 十二月二十二日、明・朝鮮連合軍、蔚山城を攻撃。 十二月二十六日、吉成、蔚山救援のため西生浦に着陣。	
慶長三	一五九八	二十一	一月一日、勝永、西生浦に着陣。 一月二十一日、浅野幸長、病中の勝永を見舞う。 二月十日、勝永、家臣白木多左衛門に堪忍分として二百石を宛行う。 十一月二十四日、吉成・勝永、釜山を発し、帰国の途に着く。	八月十八日、豊臣秀吉没。
慶長四	一五九九	二十二	二月二十四日、毛利九郎、彦山を襲撃する。座主昌千代、彦山より逃亡。 十月四日、彦山側が毛利九郎の横暴に対して訴訟をおこす。	閏三月三日、前田利家没。
慶長五	一六〇〇	二十三	三月五日、彦山一件の裁定が下され、吉成敗訴する。 七月、勝永、鍋島勝茂らとともに近江へ出陣するも、豊臣奉行衆の催促で大坂へ帰陣する。 七月二十五日、勝永、伏見城攻撃に参加。 八月一日、伏見落城。 八月五日、勝永、鍋島勝茂とともに伏見城攻めの戦功を賞される。 八月十八日頃、吉成、加藤清正調略のため九州へ下向。	七月十七日、豊臣奉行衆、徳川家康を弾劾する。 九月十五日、関ヶ原の合戦。 九月二十八日、家康、黒田如水に小倉攻めを指示。 十月一日、石田三成、小西行長、安国寺恵瓊ら六条河原で斬首。

年次	西暦	年齢	吉成・勝永の事跡	社会の動向
慶長五	一六〇〇	二十三	八月二十五日、勝永、安国寺恵瓊の隊に属して、伊勢安濃津城を攻略する。 十月五日、黒田如水（孝高）、吉成に対して降伏を促す。 十月十四日、吉成、小倉開城。 この年、勝永の嫡男式部勝家誕生か。	
慶長六	一六〇一	二十四	九月二十三日、幕府、山内一豊に対し毛利吉成・勝永父子の土佐預かりを公式に命じる。	
慶長八	一六〇三	二十六	八月二十一日、山内一豊、浦戸から大高坂城（高知城）へ居城を移す。この日、本丸の祝宴に毛利一斎（吉成）相伴する。	二月十二日、徳川家康、征夷大将軍に就任。
慶長九	一六〇四	二十七	この頃、勝永室安姫（龍造寺政家娘）、土佐へ移るか。	三月二十日、黒田如水没。
慶長十	一六〇五	二十八		四月十六日、徳川秀忠、二代将軍に就任。 九月二十日、山内一豊没。
慶長十一	一六〇六	二十九	この年、勝永の二男太郎兵衛誕生か。	
慶長十二	一六〇七	三十		九月六日、龍造寺高房没。 十二月二十七日、西笑承兌没。
慶長十三	一六〇八	三十一		十月二日、龍造寺政家没。
慶長十五	一六一〇	三十三	五月二十五日、勝永室安姫没。	
慶長十六	一六一一	三十四	四月十日、大野治長、勝永に対して家康・秀頼会見の模様を報じる。	三月二十七日、後水尾天皇即位。

			五月七日、一斎（吉成）、死去。小高坂山で荼毘に付され、尾戸山に葬られる。後に秦山の杉家墓地に移される。	三月二十八日、徳川家康、豊臣秀頼、二条城で会見。
慶長十八	一六一三	三十六	この年、勝永弟山内権兵衛吉近、山内家を致仕。	
慶長十九	一六一四	三十七	二月、勝永、久万村安楽寺および天神社に唐鏡を奉納する。 十一月、勝永父子、大坂入城。 十二月二十一日、勝永二男太郎兵衛の護送船、土佐を出立。	十月一日、徳川家康、大坂攻めを決定（大坂冬の陣）。 十二月二十一日、豊臣秀頼、和睦に応じる。
元和元	一六一五	三十八	五月六日、勝永、後藤基次、真田信繁らとともに道明寺方面で徳川方と交戦。後藤基次戦死。 五月七日、勝永、天王寺合戦で徳川勢と戦う。真田信繁戦死。 五月八日、勝永父子、大坂城内で自害？ 六月二十五日、京都所司代板倉勝重のもとへ勝永二男太郎兵衛の身柄が引き渡される。	五月八日、大坂城落城し、豊臣氏滅亡する（大坂夏の陣）。
元和二	一六一六			四月十七日、徳川家康没。 六月七日、本多正信没。
元和三	一六一七		九月九日、勝永、土佐波介の森屋敷で没？	
元和九	一六二三			八月四日、黒田長政没。
寛永二	一六二五		幕府、勝永父子ら大坂牢人詮索のため、内用役志賀喜兵衛を土佐へ派遣。	

年次	西暦	年齢	吉成・勝永の事跡	社会の動向
寛永十二	一六三五		二月二十一日、勝永旧臣杉五郎兵衛俊重没。 この年、松平家に仕官した宮田甚之丞邸に勝永旧臣が集まり、大坂の陣について物語をする。	
寛永十五	一六三八		五月十七日、勝永旧臣福富茂左衛門、旧知の堀市兵衛に「大坂落城之時之様子」を書き送る。	
万治三	一六六〇			家康側室清雲院没。
寛文五	一六六五		八月十三日、杉五郎兵衛の息子助左衛門、『毛利豊前守殿一巻』を山内家へ提出する。	

〔著者紹介〕
今福 匡（いまふく ただし）

1964年神奈川県生まれ。歴史ライター。主な著作に『前田慶次─武家文人の謎と生涯』(新紀元社)、『直江兼続』(新人物往来社)、『上杉景虎──謙信後継を狙った反主流派の盟主』(宮帯出版社)、『神になった戦国大名─上杉謙信の神格化と秘密祭祀』(洋泉社)ほか。分担執筆に『戦国時代人物事典』(学研)、『図解大づかみ日本史』(KADOKAWA)などがある。

真田より活躍した男 毛利勝永

2016年8月18日 第2刷発行

著　者　今福　匡
発行者　宮下 玄覇
発行所　株式会社宮帯出版社
京都本社 〒602-8488
京都市上京区真倉町739-1
営業(075)441-7747 編集(075)441-7722
東京支社 〒102-0085
東京都千代田区六番町9-2
電話(03)3265-5999
http://www.miyaobi.com/publishing/
振替口座 00960-7-279886

印刷所 モリモト印刷株式会社

 ISBN978-4-8016-0046-1 C0021